Südafrika

W0193717

Die Autoren

Heidrun Brockmann

studierte Französisch sowie Geschichte u.a. in Hamburg, wo sie in verschiedenen Redaktionen arbeitete. Zahlreiche Reisen und mehrmonatige Aufenthalte führen die freie Autorin und Reisejournalistin immer wieder nach Südafrika.

Werner Gartung

bereist Afrika seit 1973. Zahlreiche Aufenthalte führten Ihn mittlerweile in fast alle afrikanischen Länder. Seine Erlebnisse und Kenntnisse hielt er in mehreren Büchern fest. Heute ist er vor allem als Reiseveranstalter tätig.

Das System der POLYGLOTT Sterne

Auf Ihrer Reise weisen Ihnen die Polyglott-Sterne den Weg zu den bedeutendsten Sehenswürdigkeiten aus Natur und Kultur. Für die Vergabe orientieren sich Autoren und Redaktion am UNESCO-Welterbe.

*** eine Reise wert   ****** einen Umweg wert   ***** sehr sehenswert

Unsere Preissymbole bedeuten:

Hotel (DZ)		Restaurant (Menü)	
●●●	ab 500 Rand	●●●	ab 130 Rand
●●	250 bis 500 Rand	●●	90 bis 130 Rand
●	bis 250 Rand	●	bis 90 Rand

Wechselkurs:

1 €	ca. 10 Rand	1 CHF	ca. 8,60 Rand
1 Rand	ca. 0,10 €	1 Rand	ca. 0,12 CHF

Reiseplanung

Land & Leute

Unterwegs in Südafrika ■■■

Die »Mutterstadt« an den zwei Ozeanen empfängt alle Besucher
mit ihrer heiteren, kosmopolitischen Atmosphäre. Die Kap-
Halbinsel bietet Naturerlebnisse, Badebuchten und kleine Hafen-
orte, eine Tour durch das Weinland ist einfach ein Muss.

Seen, Lagunen, Strände und Wälder kennzeichen die berühmte
Garden Route. Die üppige Küstenvegetation bildet einen faszinierenden Kontrast zur Halbwüste der Kleinen Karoo. Wildreiche Tierparks warten in der Umgebung von Port Elizabeth auf
Besucher.

Der Osten..86

In den Drakensbergen explodiert förmlich die Natur, im Zulu-
land wurde Geschichte geschrieben und bei Durban lockt der
warme Indische Ozean. Hier liegen auch einige der schönsten
Wildparks Südafrikas.

Der Norden...109

Vom Steilabfall der Drakensberge schweift der Blick weit ins
Tiefland. Dort ist der wildreiche Krüger-Nationalpark ein beliebtes Safariziel. Im Norden werden alte Kulturen wieder lebendig,
die wenig erschlossenen Waterberge bieten ursprüngliche Natur.

Hochebene und Wüste

In Kimberley ist die Zeit des Diamantenfiebers noch lebendig, in Bloemfontein die burische Architektur. Eindrucksvolle Landschaften faszinieren Besucher im Königreich Lesotho ebenso wie in der Sandwüste der Kalahari oder an den Augrabies Falls.

Infos von A–Z

Karten

Reiseplanung

Die Reiseregionen][Die schönsten
Touren][Klima und Reisezeit][
Anreise][Reisen im Land][
Sport und Aktivitäten][Unterkunft

Die Reiseregionen im Überblick

Südafrika – das Land am Kap der Guten Hoffnung – fasziniert und begeistert, denn es kann mit einzigartigen Naturschönheiten wie auch mit kultureller Vielfalt aufwarten.

Garantierter Besuchermagnet im Südwesten ist **Kapstadt** samt seiner Umgebung und der Weinregion. Hier faszinieren herrliche Buchten vor traumhaften Felskulissen, Naturreservate mit einer einmaligen Flora oder bizarren Bergformationen sowie alte Weingüter im typisch kap-holländischen Stil. Hermanus ist das Zentrum für die Walbeobachtung, den südlichsten Punkt Afrikas bildet das windumtoste Cape Agulhas.

Als nicht zuletzt auch touristisch sehr gut erschlossenes Gebiet präsentiert sich der fruchtbare **Süden.** Die berühmte Garden Route von Mossel Bay bis Port Elizabeth wartet mit langen Sandstränden, üppiger Vegetation, felsigen Küsten und tiefen Schluchten auf. Im Hinterland locken spektakuläre Berge und Pässe sowie die Kleine Karoo mit ihrer unendlichen Weite. Oudtshoorn mit den Straußenzuchten und die eindrucksvollen Cango Caves lässt kaum ein Besucher aus. Auf Spuren britischer und deutscher Siedler stößt man weiter östlich in Port Alfred, Grahamstown und East London/Buffalo City.

Unterschiedlichste Natur- und Kulturerlebnisse bietet die Region im **Osten** Südafrikas. Bester Ausgangspunkt für Touren in dieser Region ist die Goldstadt Johannesburg. Südlich der hohen Berge des Königreichs Swaziland erstreckt sich die Provinz KwaZulu-Natal, Heimat der Zulu, mit einigen der schönsten Wildparks, dschungelähnlicher Tropenlandschaft im iSimangaliso Wetland Park und der fantastischen Bergwelt der uKhahlamba-Drakensberge, die zu Wanderungen einladen. Die »Battlefields« erzählen einen Großteil der südafrikanischen Geschichte. Viele gut zugängliche Bademöglichkeiten findet man nördlich und südlich der Hafenstadt **Durban.** Die Felsküste der ehemaligen Transkei, die Heimat der Xhosa, ist auf wenigen Stichstraßen aus dem hügeligen Hinterland um Umtata zu erreichen.

Nur wenige Stunden von Pretoria/Tshwane im **Norden** Südafrikas entfernt liegen zwei der beliebtesten Urlaubsregionen des Landes: die Drakensberge mit der Panoramaroute und der Krüger-

Geparden sind stolze Jäger

Nationalpark. Hier wechseln sich imposante Bergformationen des Hochlandes mit Baum-Buschsavanne des Lowvelds ab, das bis zum Limpopo hin bis auf 400 m abfällt. Dort wohnt das Volk der VhaVenda, das durch seine traditionelle afrikanische Lebensweise geprägt ist. An der Grenze zu Zimbabwe zählt der Mapungubwe National Park mit seinen bedeutenden Ausgrabungen zu den jüngsten Reservaten des Landes. Nordwestlich von Pretoria reizt die ursprüngliche Waterberg-Region zu Touren mit Pferd oder zu Fuß. Von der Hauptstadt bietet sich auch ein Abstecher in den tierreichen Pilanesberg National Park und zur Kasino-Stadt Sun City an.

Die **zentrale Hochebene,** eine überwiegend aus Steppe und Halbwüste bestehende Landschaft in einer Höhe von 1000–1800 m, bedeckt die größte Fläche des Landes. Städte wie Kimberley und Johannesburg entstanden in dieser kargen Gegend nur wegen ihrer Diamanten- bzw. Goldvorkommen. Von Kimberley bietet sich eine Tour über Upington zu den Augrabies Falls an und weiter in den wildreichen Kgalagadi Transfrontier Park in der **Kalahari-Wüste.** Bloemfontein dient als Übernachtungsstation vor einem Abstecher in das Königreich Lesotho.

Die schönsten Touren

Wildparks und Küsten in 14 Tagen

—①— **Johannesburg** ❭ **Pretoria** ❭ **Blyde River Canyon** ❭ **Krüger-Nationalpark** ❭ **Ostküste** ❭ **Durban** ❭ **Port St. Johns** ❭ **Port Elizabeth**

Dauer und Länge:

Johannesburg/Pretoria ❭ **Blyde River Canyon** ❭ **Krüger-Nationalpark** 6–8 Std. (plus 1 Std. z.B. zum Satara-Camp); **Krüger-Nationalpark** ❭ **Hluhluwe/Umfolozi Game Reserve** 8 Std. ❭ **Hluhluwe/Umfolozi Game Reserve** ❭ **Durban** 2–3 Std.; **Durban** ❭ **Port St. Johns** ca. 4 Std.; **Port St. Johns** ❭ **Port Elizabeth** 6–7 Std.; ca. 1900 km

Verkehrsmittel:

Für die Strecke benötigen Sie einen Mietwagen. Von Johannesburg starten organisierte Touren zum Blyde River Canyon und in den Krüger-Nationalpark; per Flugzeug geht's von Durban nach Port Elizabeth.

Diese klassische Südafrika-Tour führt Erstbesucher zu einigen herausragenden Attraktionen des Landes. Nach der Ankunft in **Johannesburg** ❯ S. 91 lohnt es sich, für die Erkundung der Metropole zwei Tage zu planen. Wer das nahe **Pretoria** ❯ S. 114 als Startort gewählt hat, kann die Hauptstadt an einem halben Tag kennenlernen. In beiden Fällen steht dann die Fahrt zum ****Blyde River Canyon** ❯ S. 118 auf dem Programm, dessen wilder Berglandschaft man ein bis zwei Tage widmen sollte, obwohl nur wenig östlich der ****Krüger-Nationalpark** ❯ S. 119 mit seinem Wildreichtum lockt. Nach wiederum zwei bis drei Tagen unterbricht die lange Fahrt an die Ostküste von KwaZulu-Natal das Naturerlebnis, dort bleibt man zwei Tage im ****Hluhluwe/Umfolozi Game Reserve** ❯ S. 108. In der Hafenstadt ***Durban** ❯ S. 101, dem Freizeitparadies Südafrikas, lohnen zwei Übernachtungen. Von hier geht es nach **Port St. Johns** an die raue und einsame **Wild Coast** (zwei Tage) oder direkt von Durban per Flugzeug nach **Port Elizabeth** (1,5 Std.) zum Ausgangspunkt der berühmten **Garden Route** ❯ S. 76.

Eine Woche entlang der Garden Route

— ②— **Port Elizabeth** ❯ **Addo Elephant Park** ❯ **Plettenberg Bay** ❯ **Knysna** ❯ **Wilderness Area** ❯ **Oudtshoorn** ❯ **Mossel Bay** ❯ **Cape Agulhas** ❯ **Hermanus** ❯ **Kapstadt**

Dauer und Länge:
Port Elizabeth ❯ **Addo Elephant Park** 1,5 Std.; **Tsitsikamma N. P.** ❯ **Plettenberg Bay** 3 Std.; **Plettenberg Bay** ❯ **Knysna** ❯ **Wilderness** ❯ **Oudtshoorn** 2 Std.; **Oudtshoorn** ❯ **Mossel Bay** ❯ **Cape Agulhas** 3,5 Std.; **Cape Agulhas** ❯ **Hermanus** ❯ **Kapstadt** 3,5 Std.; rund 1000 km

Verkehrsmittel:
Zum Besuch aller Sehenswürdigkeiten in der angegebenen Zeit sollten Sie ab Flughafen Port Elizabeth ein Mietauto nehmen. Die Tour eignet sich gut als Anschlussstrecke für die zweiwöchige Reise zu Wildparks und Küsten ❯ S. 9, oder für Kurzentschlossene, die im Winter für ein bis zwei Wochen ins Warme möchten.

Gleich nach der Ankunft in **Port Elizabeth** ❯ S. 74 locken die schönen Sandstrände für ein Bad im Indischen Ozean, ehe Sie afrikanische Natur und Tiere im ****Addo Elephant Park** ❯ S. 76 erleben können. Eine

Köcherbäume sind optimal an trockenes Klima angepasst

Übernachtung sollte man auf jeden Fall einplanen, um die Tiere auch bei Dunkelheit beobachten zu können.

Im ***Tsitsikamma National Park** › S. 76 wird man begeistert sein von der wilden Felsenküste, gegen die das Meer peitscht. Am nächsten Tag lädt der wunderschöne Strand von **Plettenberg Bay** › S. 77 zum Entspannen ein. Von Juli bis November können Sie hier bei einer Waltour die riesigen Säuger aus der Nähe erleben.

Zu Badespaß locken auch die kilometerlangen Traumstrände hinter der Lagune von ****Knysna** › S. 78 und rund um ***Wilderness** › S. 80. In der üppig, saftig grünen Landschaft lohnt auch eine Fahrt mit dem Paddelboot, ehe es am nächsten Tag ins Landesinnere in die trockene Kleine Karoo und nach ***Oudtshoorn** › S. 81, dem Zentrum der Straußenwirtschaft, geht.

Zurück an der Küste ist ***Mossel Bay** › S. 80 die nächste Station. Im Museumskomplex liegt das Schiff von Bartholomeu Diaz, mit dem der Portugiese einst zum Kap segelte, und zwar um den südlichsten Punkt Afrikas herum, dem **Cape Agulhas** › S. 66. Lassen Sie sich dort den Wind um die Nase wehen und fahren Sie dann nach ****Hermanus** › S. 65. Auch hier in der Walker Bay kommen die Wale zur Saison nahe an die Küste, Grund für einen Aufenthalt.

In ****Kapstadt** › S. 46 sollten Sie direkt in der City wohnen. Hier vergeht allein ein Tag mit Besichtigungen im Zentrum und der Victora & Alfred Waterfront. Bei gutem Wetter fahren sie gleich per Seilbahn hoch zum **Tafelberg** › S. 56 – die besten Chancen für einen Panoramablick sind frühmorgens. Dann bleibt noch Zeit für einen Ausflug nach **Robben Island** › S. 55, dem Verbannungsort von Nelson Mandela.

Die Höhepunkte Südafrikas in 24 Tagen

> **③** Johannesburg › Blyde River Canyon › Krüger-National-park › Pretoria › Kimberley › Augrabies Falls › Kgalagadi Trans-frontier Park › Keetmannshoop › Clanwilliam › Kapstadt › Oudtshoorn › Plettenberg Bay › Port Elizabeth

Dauer und Länge:
Johannesburg › Blyde River Canyon › Krüger-Nationalpark 6–8 Std.; **Krüger-Nationalpark (Süden) › Pretoria** 3 Std.; **Pretoria › Kimberley** 6 Std.; **Kimberley › Augrabies Falls** 6 Std.; **Augrabies Falls › Kgalagadi Transfrontier Park** 5 Std.; **Kgalagadi T. P. › Springbok** 7,5 Std.; **Springbok › Clanwilliam › Kapstadt** 6 Std.; **Kapstadt › Oudtshoorn** 4,5 Std.; **Oudtshoorn › Plettenberg Bay › Port Elizabeth** 5 Std.; rund 4500 km

Verkehrsmittel:
Für die Strecke benötigen Sie einen Mietwagen. Johannesburg wird von den großen Flughäfen in Europa direkt angeflogen. Von Port Elizabeth Inlandsflüge nach Johannesburg, von dort zurück nach Europa.

Nach der Ankunft in **Johannesburg** › S. 91 lohnt es sich, für die Erkundung der Metropole zwei Tage zu planen, bevor der drittgrößte Canyon weltweit, der ****Blyde River Canyon** › S. 118 mit seiner wilden Berglandschaft auf dem Programm steht. Nur wenig weiter östlich lockt der ****Krüger-Nationalpark** › S. 119 mit seinem Wildreichtum, für den Sie sich mindestens zwei bis drei Tage Zeit nehmen sollten. Wenn Sie nach dem Buscherlebnis im Süden den Park wieder verlassen, können Sie in drei Stunden die Hauptstadt **Pretoria** › S. 114 erreichen, die Sie gut in einem halben Tag erkunden. Am nächsten Tag ist die Diamantenstadt **Kimberley** › S. 130 mit dem größten je von Hand erschaffenen Erdloch das Ziel. Nach einer Übernachtung geht es weiter durch öde Steppenlandschaft zu den rauschenden ****Augrabies Falls** › S. 136, bevor Sie im ***Kgalagadi Transfrontier Park** › S. 137 den Hauch der Wüste spüren. In **Springbok** › S. 69 sind Sie im Namaqualand angekommen. Von August bis Oktober verwandelt Regen die trockene Landschaft in ein Blumenmeer. Zu anderen Jahreszeiten fahren Sie direkt weiter nach ***Clanwilliam** › S. 68 und bleiben dort zwei bis drei Tage für Touren in die einsamen Cederberge.

Fesselnder Blick in Blyde River Canyon in den Drakensbergen

In ****Kapstadt** › S. 46 sollten Sie sich mindestens vier Tage Zeit nehmen, um die vielen Sehenswürdigkeiten in der Stadt und in der Umgebung zu erkunden. Mitten durch die schöne Landschaft der Kleinen
Karoo geht es zur Hochburg der Straußenzucht **Oudtshoorn** › S. 81, wo
Sie eine Nacht auf einer Straußenfarm verbringen können. Erfrischen-
des Klima empfängt einen an der berühmten **Garden Route** › S. 76. In
Plettenberg Bay › S. 77 oder **Knysna** › S. 78 sollten Sie bei einem Bade-
aufenthalt die kilometerlangen Traumstrände genießen, ehe Sie von
Port Elizabeth › S. 74 über Johannesburg oder Kapstadt wieder zurück
nach Europa fliegen.

Mit dem Blue Train unterwegs

─④─ Pretoria › Kapstadt

Dauer und Länge:
26 Std. inklusive zwei Zwischenstopps; 1600 km

Verkehrsmittel:
Den Platz im Luxuszug muss man mindestens ein Jahr vorher
reservieren › S. 17!
Unterwegs gilt dann: gepflegte Kleidung tagsüber, Krawatte und
Jackett am Abend. Trinkgeld für Kofferträger am Bahnhof und am
Ende der Reise in einem Briefumschlag für das ganze Team.

Schmucksteine aus Kimberley

Vom Bahnhof in ***Pretoria/Tshwane** › S. 114 geht es früh morgens zur Diamantenstadt ***Kimberley** › S. 130, wo der Zug spätnachmittags einrollt und ein Besuch im ****Kimberley Mine Museum** auf dem Programm steht. Am nächsten Mittag endet die Fahrt in ****Kapstadt** › S. 46. Der Zug fährt auch in Süd-Nord-Richtung und hält dann in ***Matjiesfontein**, einem Museumsort an der N 1 mit Hotel, rotem Doppeldeckerbus und Häusern im viktorianischen Stil.

Touren in den Regionen

Touren	Region	Dauer	Seite
Rund um die Kap-Halbinsel	Kapstadt und Umgebung	1–2 Tage	43
Die Weinregion	Kapstadt und Umgebung	3 Tage	45
Zum südlichsten Punkt Afrikas	Kapstadt und Umgebung	4 Tage	45
Raue Küste und einsame Berge	Kapstadt und Umgebung	4 Tage	46
Garden Route und Kleine Karoo	Süden	6 Tage	72
Elefanten und Bergzebras	Süden	5–6 Tage	73
Land der Zulu	Osten	7 Tage	87
Zum »Barrier of the Spears«	Osten	5 Tage	90
Von Durban zur Wild Coast	Osten	5 Tage	90
Vom Canyon in den Busch	Norden	6 Tage	110
Vom Krüger-Nationalpark zum Limpopo	Norden	7 Tage	111
Malariafrei: Wildparks in den Waterbergen	Norden	6 Tage	112
Diamanten, Berge und Sandmeere	Hochebene und Wüste	9 Tage	129

Klima und Reisezeit

Zwei Meeresströmungen beeinflussen das Klima in Südafrika stark: Der kalte **Benguela-Strom** aus der Antarktis kühlt die Westküste am Atlantik kräftig ab. Der Indische Ozean wird durch den **Agulhas-Strom** erwärmt; die feuchte Luft sorgt ab Durban für subtropisches Klima. Die meisten Niederschläge fallen hier im Sommer (Dezember/Januar). Am Kap treffen sich die beiden Ozeane und sorgen für mediterranes Klima mit höheren Niederschlägen im Winter (Juli/August). 65 % der Landesfläche Südafrikas erhalten weniger als 500 mm Regen im Jahresdurchschnitt.

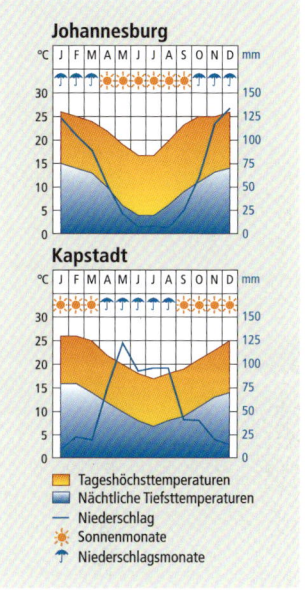

Südafrika hat das ganze Jahr über Saison. Im südafrikanischen Winter regnet es öfter am Kap, während sich das Highveld eines strahlend blauen Himmels erfreut. Diese Jahreszeit eignet sich wegen der lichten, trockenen Vegetation auch besonders gut zum Besuch von Nationalparks, die fern der Küste liegen, zum Beispiel des Kgalagadi- und des Krügerparks. Ideal dafür sind auch die Übergangszeiten Herbst (April bis Mai) und Frühling (September bis Oktober).

🚫 Während der **Schulferien** (Sommerferien Anfang Dez. bis Mitte Jan., Osterferien März/April, Winterferien Juni/Juli, Frühlingsferien Sept./Okt.) sollte man Unterkünfte unbedingt vorab reservieren, im Krügerpark mindestens ein halbes Jahr vorher.

Im südafrikanischen Sommer steigen die Temperaturen im Tiefland auf über 35 °C im Schatten; an der Küste Natals ist es dann recht schwül. Wegen des warmen Agulhas-Stroms im Indischen Ozean haben die Badeorte bei Durban auch im Winter Saison.

🚫 Weil Südafrika auf der Südhalbkugel liegt, sind die Jahreszeiten spiegelverkehrt zu denen in Europa. Im Juli und August fällt in den Drakensbergen manchmal Schnee; die Temperaturen sinken dann nachts im Hochland bis auf –10 °C, steigen aber tagsüber auch im Winter auf rund 20 °C an.

Anreise

Die Flughäfen von Johannesburg und Kapstadt werden täglich von Europa aus angeflogen. SAA (South African Airways, www.flysaa.com) verkehrt täglich ab Frankfurt/M., München, Zürich, Paris und London nonstop nach Johannesburg, ab London auch täglich nach Kapstadt (Flugdauer etwa 10 Std.). Lufthansa (www.lufthansa.de) verbindet Frankfurt/M. täglich nonstop mit Johannesburg bzw. Kapstadt. Preisgünstige Flüge bietet Air Berlin (www.airberlin.com) ab Düsseldorf, Hamburg und München nach Kapstadt an. British Airways fliegt von London und KLM via Amsterdam nach Johannesburg und Kapstadt, Emirates via Dubai und Qatar via Doha nach Johannesburg.

Reisen im Land

Mit dem Mietwagen

Fahrer unter 23 Jahren müssen eine extra Gebühr bezahlen. Zusätzlich zum internationalen Führerschein sollte man die Mitgliedskarte seines Automobilklubs mitbringen; der angeschlossene südafrikanische AA berät und leistet Pannenhilfe (Tel. 083/843 22, www.aasa.co.za). Oft ist es günstiger, schon vor der Abreise einen Mietwagen zu buchen – am besten mit unbegrenzter Kilometerzahl (ab zirka 250 € pro Woche in der kleinsten Kategorie). Eine Kreditkarte erspart die Hinterlegung einer Kaution. Wohnmobile vermietet u.a. Maui, Tel. 021/982 5107, www.maui-rentals.com.

Die Straßen sind meist in gutem Zustand, die wichtigsten Strecken sind asphaltiert. An den Linksverkehr hat man sich schnell gewöhnt. Die Höchstgeschwindigkeit beträgt in Ortschaften 60–80 km/h, auf Landstraßen 100 km/h und auf Schnellstraßen und Autobahnen 120 km/h (teilweise Gebühr), in Naturparks 20 km/h. Vermeiden Sie Nachtfahrten über Land! An Tankstellen (meist 24 Std. geöffnet) kann nur mit Bargeld bezahlt werden.

Mit dem Flugzeug

Etwa 20 Flughäfen in Südafrika werden täglich angeflogen. Neben SAA (www.flysaa.com), SA-Airlink (www.saairlink.co.za) und SA-Express (www.flysax.com) verkehren private Airlines. Wochenendflüge und Flüge nach Mitternacht sind meist preiswerter. Eine Vorausbuchung ist empfehlenswert.

■ **Oliver TReginald ambo International Airport**

24 km nordöstlich von Johannesburgs Innenstadt][**Tel. 011/921 6262**
Inlandsflüge Terminal B, internationale Flüge Terminal A. Minibusse und Taxis
in die City. Der Gautrain verbindet den Flughafen mit Sandton.

■ **King Shaka International Airport**

35 km südlich von Durban][**Tel. 032/436 6585**
Shuttlebusse und Taxis in die Stadt.

■ **Cape Town International Airport**

20 km östlich von Kapstadt][**Tel. 021/937 1200**
Regelmäßige Shuttlebusse in die Stadt.

■ **Port Elizabeth International Airport**

6 km südlich von Port Elizabeth][**Tel. 041/507 7348**
Taxis oder Hotelbusse in die Stadt.

Mit dem Bus

Komfortable Busse von Greyhound, Intercape Mainliner und Translux
verbinden – oft auch über Nacht – die wichtigsten Großstädte. In den
größeren Städten kann man sich über die Computicket-Büros einen
Platz reservieren (zentrale Reservierung unter Tel. 083/915 800, www.
computicket.com). Die Tarife sind günstig. Direkt von Tür zu Tür der
Hostels in ca. 40 Orten zwischen Kapstadt und Johannesburg fährt der
preiswerte und beliebte BAZ-Bus, Tel. 021/439 2323, www.bazbus.com.

Mit der Eisenbahn

Die Eisenbahngesellschaft Spoornet (www.spoornet.co.za) verbindet
alle wichtigen Städte und betreibt auch den Luxuszug **Blue Train** (Tel.
012/334 8459, www.bluetrain.co.za) zwischen Pretoria und Kapstadt
sowie entlang der Garden Route,
der schon Monate im Voraus ausgebucht ist (ab ca 500 €/Person;
Reservierung über Reisebüros).

Am luxuriösesten ist der **Rovos
Rail.** Der Nostalgiezug (Reservierung erforderlich) verkehrt auf
den Strecken Pretoria – Kapstadt,
Pretoria – Durban, Kapstadt –
George. Tel. 012/315 8242, www.
rovos.co.za.

Afrikanisches Flair und Ausflüge bietet der **Shongololo Safari
Express** (Johannesburg, Krüger-
N.P., Durban, Kapstadt). Infos
und Buchung über deutsche Reisebüros (www.shongololo.com).

Outeniqua Choo-Tjoe: Mit Dampf
von George nach Mossel Bay

Special

Unterwegs mit Kindern

Wer den langen Flug mit Kindern nicht scheut, der wird mit einem abwechslungsreichen Programm und großer Kinderfreundlichkeit am Kap belohnt. Reisen mit Kleinkindern ist so normal in Südafrika, dass viele größere Hotels über Baby-Artikel und sogar einen eigenen Babysitter verfügen oder seriöse Adressen von Babysittern vermitteln. Etliche Lodges in den Nationalparks bieten sogenannte Family Cottages an. Allerdings sind in einigen privaten Unterkünften und Lodges Kinder nur ab einem bestimmten Alter erwünscht, in seltenen Fällen auch gar nicht. Dies ist in den Hotelverzeichnissen vermerkt.

Zahlreiche Restaurants haben sich auf Kinder eingestellt, sie führen spezielle Gerichte auf der Karte, Hochstühle und gehen über Geschrei gelassen hinweg. Und auch in Südafrika müssen die Kleinen nicht auf Spielplätze

und Erlebnisparks (Grand West Casino und Entertainment World, Kapstadt, www.grandwest.co.za) verzichten. Hinzu kommen Aquarien (**Two Oceans Aquarium, Kapstadt, Waterfront ❭ S. 54 und *Oceanarium, Snake Park, Tropical House, Port Elizabeth ❭ S. 75), Strände für XXL-Sandburgen und malariafreie Parks mit Löwen, Büffeln, Elefanten, Leoparden, Giraffen, Zebras, und, und, und.

Extra-Routen für Kinder hat das **Stellenbosch** Tourism and Information Bureau (Market Street, Tel 021/883 3584) ausgearbeitet. Das Weingut **Spier Estate** (an der R310 bei Stellenbosch, Tel. 021/809 1100, www.spier.co.za) veranstaltet ein buntes Kinderprogramm, beliebt sind auch der Spielplatz und »The Village«, das eigene Familienhotel.

Beste Reisezeit sind die Monate November bis März. Im Dezember/Januar sollten Sie im Voraus eine Unterkunft buchen, da dann alle südafrikanischen Familien Urlaub machen.

Direkt auf Familienreisen nach Südafrika spezialisiert ist das Reisebüro **Toucan Reisen** in Hamburg, Tel. 040/22 74 81 84, www.toucan-reisen.de.

Kindgerechte Strände

Kap-Halbinsel: Camps Bay › S. 59 bei Kapstadt kennzeichnet lebhaftes Strandleben und eine gute Infrastruktur. Nördlich von Kapstadt ca. 30 Min. mit dem Auto wartet der **Bloubergstrand ›** S. 70 mit flachen Sandstränden auf. An der False Bay bietet **Muizenberg ›** S. 57 neben breiten Sandstränden im Childrens Park Wasserrutsche und Spielplatz. Etwas weiter liegt **St. James** mit einem geschützten Strand, Tidal Pools und bunten Holzhütten. Am Boulders-Strand in **Simon's Town** lässt sich im seichten Wasser zwischen Pinguinen und windgeschützten Felsen ein ganzer Tag verbringen.

Indischer Ozean: Für einen Badeurlaub eignet sich **Durban ›** S. 101 und Umgebung. Wassertemperaturen von durchschnittlich 24 Grad, toller Stadtstrand (am schönsten ist der bewachte North Beach), Schlangenpark, Minitown, En-

tertainment-Bereich mit Seilbahn sowie Schwimmbad, Flohmärkte und die **uShaka Marine World** bieten eine große Auswahl für das Familienprogramm. Beachlife und bewachten Strand findet man in **Margate** südlich der Hafenstadt. Etwas ruhiger geht es in **Hibberdene** und **Scottburgh** zu.

Malariafreie Wildparks

Der **Addo Elephant National Park ›** S. 76 (www.sanparks.org/parks/addo/), in dem neben den großen Dickhäutern auch Nashorn, Büffel, Leopard und Löwe, kurz die »Big Five«, herumstreifen, ist gut mit dem eigenen Fahrzeug zu erkunden; Übernachtung in Familien-Hütte möglich. In der Nähe von Jeffrey's Bay liegt die **Lombardini Game Farm** (www.lombardini.co.za) mit Giraffen, Büffeln, Nashörnern, Antilopen und Zebras. Im **Seaview Game & Lion Park** (www.seaviewgamepark.co.za) westlich von Port Elizabeth kann man rund 40 verschiedene Wildtierarten erleben, darunter Löwen, Giraffen, Zebras und Affen.

Gute Tipps zu malariafreien Wildreservaten, Ausflügen, Stränden und Unterkünften enthält das Buch **Sicher reisen mit Kindern in Südafrika**, Astrid Mohnè und Gérard Rudschuck, Multi-Culti-Press 2008.

Sport und Aktivitäten

Südafrika ist ein Land von Sportbegeisterten, dementsprechend umfangreich ist das Angebot.

Golf

1882 wurde in Wynberg der erste Golfplatz eingeweiht; jetzt gibt es rund 500. In Sun City wird alljährlich das Million-Dollar-Tournament mit internationalen Golfstars ausgetragen. Dort tummeln sich Krokodile am 13. Loch. Antilopen und Affen auf den Fairways trifft man im Sabi-Golf-Club beim Krüger-Nationalpark an. Andere Plätze liegen in traumhafter Landschaft: Milnerton bei Kapstadt bietet ein einmaliges Panorama, beim Wild-Coast-Platz 170 km südlich von Durban sind Dünen und Meer im Blickfeld. Infos: **South African Golf Association,** www.saga.co.za; www.suedafrika-golf.de

Wassersport

Trotz 2500 km Küste fällt die Wahl nicht schwer: Am beliebtesten zum **Schwimmen** ist die Ostküste am warmen Indischen Ozean. Im subtropischen Norden von KwaZulu-Natal ist das ganze Jahr Badesaison (durchschnittl. 24 °C Wassertemperatur), an der Gartenroute und am Kap von Oktober bis April. An der Wild Coast zwischen Port Edward und East London und um Port Elizabeth findet man einsame Strände, doch werden an Flussmündungen ab und an Haie gesichtet. Die Strände um Durban sind mit Hainetzen gesichert.

Surfer schwärmen von paradiesischen Bedingungen. Die geschützte Algoa Bay bei Port Elizabeth und die Plettenberg Bay an der Gartenroute sind für Anfänger geeignet;

Jeffrey's Bay, Nahoon Point (East London) und das Kap sind bei Profis ebenso geschätzt wie Hawaii. Beste Bedingungen herrschen von Oktober bis April; der Dezember ist für Windaussetzer bekannt (www.wavescape.co.za).

Taucher kommen vor allem im iSimangaliso Wetland Park 300 km nördlich von Durban auf ihre Kosten; in der dortigen Sodwana Bay locken Korallengärten mit Höhlen und Überhängen. Wer Glück hat, wird im Sommer von Delfinen, im Winter von Walen begleitet. Allein 2000 Schiffswracks liegen auf dem Meeresboden vor dem Kap. Vor Port Elizabeth wurde die »Harlem« im seichten Wasser versenkt.

In den Drakensbergen oder am Vaal **angeln** jedes Wochenende Zehntausende Südafrikaner nach Forellen, Barben und Karpfen (Lizenz erforderlich, www.flyfishing.co.za). Brandungs- und Hochseeangler zieht es ans Kap (Hout Bay) und ans Cape Vidal nördlich von St. Lucia.

Wandern
Über 300 markierte Wanderwege stehen zur Verfügung, dazu zahllose Nature Trails in Naturreservaten. Die Auswahl reicht vom einstündigen Spaziergang bis zum 137 km langen Outeniqua Trail an der Gartenroute. Bergwanderern bieten sich in den Drakensbergen ungeahnte Möglichkeiten. Bei gutem Wetter kann man vom Sani-Pass (2873 m) in rund sechs Stunden den höchsten Berg des südlichen Afrika, den Thabana Ntlenyana (3482 m) im Königreich Lesotho (❯ S. 136), erklimmen. Infos bei: **Hiking Federation,** www.linx.co.za/trails, und beim **Mountain Club of South Africa,** Tel. 011/807 1310, www.mcsa.org.za.

Safaris zu Fuß oder zu Pferd
Während geführter Wildniswanderungen lernt man die Natur am besten kennen. Die Wanderer pirschen sich mit einem erfahrenen Wildhüter an die Tiere heran und lernen, Spuren und Dung zu deuten.

■ **Drifters Adventours**
Johannesburg][Tel. 011/888 1160][www.drifters.co.za
■ **Outlook Small Group**
Tel. 011/894 5406][www.outlook.co.za.
Spezialist für den Krüger-Park und für individuelle Safaris im südlichen Afrika.
■ **African Horse Safari Association**
www.africanhorse.com, www.ridingafrica.com
Pferde-Safaris erfreuen sich zunehmender Beliebtheit.

Fahrrad und Motorrad
Eine der schönsten Radstrecken weltweit führt von Kapstadt entlang der Küste bis Cape Point. Für die ca. 55 km sollte man einen Tag veranschlagen. Das sonstige Radwegenetz in Südafrika eher schlecht ausgebaut.

■ **African Bikers**
Tel. 0 75 42/2 21 21 (in D), Kapstadt Tel. 021/465 2018][www.africanbikers.de
Touren mit Fahrrädern oder Mountainbikes.
■ **Day Trippers**
Tel. 021/511 4766][www.daytrippers.co.za
Mehrtägige Radtouren und halbtägige Mountainbike-Ausflüge.
■ **South African Motorcycle Tours**
Constantia/Kapstadt][Tel. 021/794 7887][www.sa-motorcycle-tours.com

Unterkunft

Die Auswahl an Hotels, Gästehäusern und Pensionen ist groß; die Preise liegen im Schnitt bis zu einem Drittel unter denen vergleichbarer Häuser in Europa. In der Hochsaison (Ostern; Oktober bis Februar) ist eine vorzeitige Reservierung, besonders an der Küste und in den Wildreservaten, unerlässlich. Das **Tourism Grading Council of South Africa** (TGCSA) sorgt zuverlässig und korrekt für die Ein- bis Fünfstern-Qualifizierung aller Unterkünfte (www.tourismgrading.co.za).

Buch-Tipp   Drei Unterkunftsführer, z.B. zu den schönsten Landhotels (»Portfolio – The Country Places Collection«) erhält man kostenlos bei Portfolio, Tel. 021/686 5400, www.portfoliocollection.com.

Hotels

Einen Hotelführer (Accommodation Guide) mit Klassifizierung verschickt South African Tourism ❯ S. 139. Die wichtigsten Hotelketten:

■ **City Lodge**
Tel. 011/557 2600][**www.citylodge.co.za**
Komfortable Hotels im ganzen Land verteilt, meist mit Pool,
oft unter 400 Rand pro Doppelzimmer.

■ **Protea Hotels**
Tel. 021/430 5000][**www.proteahotels.com**
in Deutschland: S.A.T.C.][**Tel. 0 21 52/95 95 53**][**www.s-a-t-c.de**
Ca. 80 Hotels der mittleren bis sehr guten Kategorie im ganzen Land.

■ **Southern Sun Hotels**
Johannesburg][**Tel. 011/461 9744 (in Südafrika)**][**www.southernsun.com**
Kette mit einem umfangreichen Angebot an luxuriösen Häusern, darunter auch die Holiday-Inn-Hotels (in Deutschland: www.holidayinn.de) und deren preiswertere »Garden Courts« mit weniger Service, aber guten Zimmern.

Hotel in Gold Reef City

Pensionen

Es gibt Hunderte Bed-&-Breakfast-Häuser, in denen Besucher Unterkunft mit Familienanschluss in drei verschiedenen Kategorien finden. **Bed & Breakfast Ltd.,** www.bedandbreakfast.co.za.

Jugendherbergen

Allein in Kapstadt stehen 20 Backpacker Hostels, in denen ein Bett im Schlafsaal etwa 100 Rand kostet, zur Verfügung. Einige Hostels bieten auch Doppelzimmer an. Einen sehr guten Überblick über günstige Unterkünfte im Land gibt das kostenlose Heft **Coast to Coast Backpackers Guide,** www.coastingafrica.com.

Camping

Über 800 meist gut ausgestattete und schön gelegene Camping- und Caravanplätze stehen zur Auswahl, viele verfügen auch über Holzhütten (Rondavels). Infos: www.caravanparks.com.

Unterkünfte in Nationalparks

Die Unterkünfte in den Schutzgebieten – von luxuriösen Chalets bis zu rustikalen Selbstversorgercamps und Campingplätzen – sind in der Regel günstig und sehr komfortabel. In viel besuchten Parks wie dem Krüger-Nationalpark muss man einige Monate im Voraus reservieren. South African National Parks in Pretoria unterstehen 19 Nationalparks. In Pietermaritzburg verwaltet Ezemvelo KZN Wildlife rund 80 Wildschutzgebiete in Natal. Eine Nacht in privaten Reservaten ist teuer (ca. 400 €/Pers. inkl. Vollpension und Safaris).

■ **South African National Parks**
P. O. Box 787][**Pretoria 0001**
Tel. 012/426 5000
www.sanparks.org
■ **Ezemvelo KZN Wildlife**
P. O. Box 13069][**Cascades 3202**
Tel. 033/845 1000
ww.kznwildlife.com

Die schönsten Hotels

■ Das preisgekrönte Hotel **Winchester Mansions** in kapholländischem Stil sticht an der schönen Promenade von Sea Point in Kapstadt weit heraus. ❯ S. 54
■ Das 1871 erbaute **Hout Bay Manor** wurde mit viel Gespür für Farben und Details liebevoll restauriert. Eine Wohlfühloase fünf Minuten vom Strand entfernt. ❯ S. 60
■ Inmitten des Paarl Valley liegt das einzige 5-Sterne-Hotel Südafrikas **Grande Roche** auf einem traumhaft schönen Weingut. Exzellentes Essen mit feinen Tropfen ist garantiert. ❯ S. 62
■ Aus den Räumen des alten schlichten Familienhotels **Windsor** direkt an der Küste von Hermanus lassen sich Wale beobachten – absolut spektakulär. ❯ S. 66
■ Die Gartenzimmer und Chalets der **Hollow Country Estate** in Knysna spiegeln die üppig grüne Vegetation der Gegend wider. ❯ S. 79
■ Die Lodge **Motswari** lässt inmitten des Timbavati Nature Reserve Buschgefühl der Luxusvariante aufkommen. Da Zäunen fehlen, können die Tiere direkt an die Hütten herankommen. ❯ S. 119
■ Eine stimmungsvolle Übernachtung bietet das historische **Royal Hotel** in Pilgrim's Rest. Die viktorianischen Gebäude wurden hierher gebracht und original wieder zusammengebaut. ❯ S. 118
■ Allein das Spa-Angebot des landesweit besten Coutry-Hotels **Coach House** bei Tzaneen ist die Anreise wert. ❯ S. 125

Land & Leute

Steckbrief][Geschichte im Überblick][
Natur und Umwelt][Die Menschen][Kunst,
Kultur und Kunsthandwerk][Feste und
Veranstaltungen][Essen und Trinken

Steckbrief
Südafrika

Amtssprachen: Englisch und Afrikaans. Weitere neun offizielle Sprachen; die wichtigste ist Zulu.
Provinzen: Gauteng, North West, Limpopo, Mpumalanga, Free State, KwaZulu-Natal, Eastern Cape, Western Cape, Northern Cape
Touristen: ca.9,5 Mio. (2009)
Landesvorwahl: 00 27
Währung: Südafrikanischer Rand
Zeitzone: MEZ +1 (während der europäischen Sommerzeit gleich MEZ)

Lage: Zwischen 22. und 35. südlichen Breitengrad
Fläche: 1 221 037 km²
West-Ost-Ausdehnung: 1500 km
Nord-Süd-Ausdehnung: 1100 km
Bevölkerung: ca. 49,3 Mio.
Bevölkerungswachstum: 1,06 %
Bevölkerungsdichte: zwischen 2,2 und 102 Einw./km²
Arbeitslosenquote: ca. 40 % (v.a. schwarze Bevölkerung)

Politik und Verwaltung

Mit der 1994 erstmals nach der Apartheitszeit von allen Südafrikanern gewählten Regierung unter Führung des ANC ❯ S. 28 hat sich die politische Landkarte geändert. Heute ist Südafrika in neun Provinzen gegliedert, die jeweis ein Landesparlament und und eine Landesverfassung haben. Den Präsidenten wählt das Parlament, bestehend aus der direkt gewählten Nationalversammlung und dem Senat mit Vertretern der Provinzen.

Die Spaltung des ANC nach dem erzwungenen Rücktritt von Präsident Mbeki im September 2008 und wiederholte schwere Korruptionsvorwürfe gegen füh-

rende Politiker belasten die Innen- und Außenpolitik.

Wirtschaft

Südafrika produziert heute über die Hälfte aller industriellen Erzeugnisse des gesamten Kontinents. Die Goldfunde führten v.a. im Großraum von Johannesburg zu einer extremen Wirtschafts- und Bevölkerungskonzentration. Südafrika besitzt rund die Hälfte der weltweiten Goldreserven, sogar über 80 % der Manganvorkommen. Wichtigster Energieträger ist die Steinkohle, derzeit leidet das Land unter unzureichender Energieversorgung. Da Südafrikas Banken nur einen kleinen Teil ihrer Mittel außerhalb des afrikanischen Kontinents anlegen dürfen, ist das Land von der Finanzkrise 2008 wenig betroffen. Die Wirtschaftslokomotive Afrikas funktioniert relativ gut dank Zollunion mit den Nachbarstaaten und dem Einsatz von Fremdkapital, gerade auch der deutschen Wirtschaft.

Bevölkerungsgruppen

Noch heute ist die zu Apartheidzeiten geschaffene Einteilung der Bevölkerung in folgende Gruppen üblich: 79,5 % der Einwohner Südafrikas zählen sich zur schwarzen Bevölkerung. Sie gehören neun verschiedenen Bantuvölkern mit ebenso vielen offiziellen Sprachen an. Größtes südafrikanisches Volk sind die **Zulu** – rund 10 Mio. Menschen, etwa 25% der Schwarzen. Sie siedeln überwiegend in KwaZulu-Natal und im Großraum Johannesburg. Zahlenmäßig folgen die **Xhosa** (7,2 Mio.); sie leben vorwiegend zwischen Port Elizabeth und Durban. Zu den **Nord-** und **Süd-Sotho** gehören 6 Mio. Menschen – es folgen die **Tswana** (3,3 Mio.), **Tsonga** (1,8 Mio.), **Swasi** (1 Mio.), die **Ndebele** (0,6 Mio.) östlich von Johannesburg und die **Venda** (0,9 Mio.) im äußersten Nordosten. Die meisten Schwarzen leben in den ländlichen Gebieten der ehemaligen zehn Homelands oder auf engstem Raum in den Townships am Rand der Städte.

Rund 4,1 Mio. Südafrikaner, v.a. in der Kapprovinz und in Kapstadt, sind Kinder schwarz-weißer Paare, oftmals noch als Farbige (Coloureds) bezeichnet. Zu ihnen werden auch die rund 200 000 Kapmalaien gezählt, Nachkommen der Sklaven, die vor rund 350 Jahren ans Kap gebracht wurden.

Auch die 4,5 Mio. **Weißen** (9 % der Bevölkerung) sind unterschiedlicher Abstammung. Die Südafrikaner niederländischer Herkunft – die Buren – kamen Mitte des 17. Jhs. als erste Europäer. Ihnen folgten ab 1820 Siedler aus Großbritannien. Beide Gruppen bekämpften sich in den Burenkriegen unerbittlich. Ab 1857 gingen über 5000 Deutsche bei East London an Land. Ca. 1 Mio. Deutschstämmige leben heute in Südafrika, daneben Franzosen, Italiener und Juden.

Zu den etwa 1,2 Mio. **Asiaten** zählen die Inder, deren Vorfahren ab 1860 auf den Zuckerrohrplantagen von Natal arbeiteten. Ihre Nachfahren beherrschen heute einen großen Teil des Handels; ihr Zentrum ist Durban. V.a. um Johannesburg siedelten sich Chinesen an; sie kamen Ende des 19. Jhs. als Bergarbeiter.

Einst zogen die **San** als Jäger und Sammler im Landesinneren umher und schufen kunstvolle Felszeichnungen. Heute leben nur noch ca. 250 San in der Kalahari.

Geschichte im Überblick

Etwa 8000 v. Chr. Die San leben als Jäger und Sammler im Südwesten des südlichen Afrika, ab 400 erreichen erste Bantu-Völker das östliche Südafrika.

1488 Bartholomeu Diaz umschifft das Kap und landet in Mossel Bay.

1652 Jan van Riebeeck richtet am Kap eine Versorgungsstation für die Holländische-Ostindien-Kompanie ein und gründet damit Kapstadt.

1795 und ein zweites Mal 1806 erobern die Briten das Kapland.

1836–1854 Über 16 000 Buren vom Kap nach Norden, um britischer Bevormundung zu entkommen. Sie siedeln in Natal und Transvaal. 16. Dez. 1838: Schlacht zwischen »Voortrekkern« und Zulu am Blood River. Die Buren gründen im Transvaal und Oranje-Freistaat eigene Staaten.

1848 Natal wird britische Kolonie.

1867 Beginn der Diamantenförderung bei Kimberley. Die Briten besetzen die Diamantenfelder.

1880–1881 Paul »Ohm« Krüger führt die Buren zum Sieg gegen die Briten und wird erster Präsident von Transvaal, das unter britischer Oberhoheit bleibt.

1899–1902 Zweiter Burenkrieg mit über 26 000 toten Zivilisten; die Buren werden geschlagen. Krüger sucht Unterstützung in Europa, er stirbt 1904 in der Schweiz.

1910 Transvaal und Oranje-Freistaat sowie die britischen Kolonien Natal und Kap verschmelzen zur Südafrikanischen Union. Louis Botha, Premier von Transvaal, wird Premierminister.

1912 Gründung des ANC (African National Congress), der ersten Partei für Schwarze.

1913 Beginn der Apartheidpolitik mit der Einführung von getrennten Wohngebieten für Schwarze.

1950–1953 Die Apartheid wird durch Erlasse (Acts) festgeschrieben. Den Schwarzen wird 1951 zudem das Wahlrecht entzogen.

1960 Am 21. März erschießt die Polizei 69 Teilnehmer einer Demonstration gegen die Passgesetze in Sharpeville/Transvaal. Der ANC wird verboten.

1964 Nach der Festnahme des ANC-Vorsitzenden Nelson Mandela 1962 und der Verurteilung zu fünf Jahren Haft wird das Urteil wegen »Hochverrats und Sabotage« in eine lebenslange Freiheitsstrafe umgewandelt.

1976 Schülerproteste am 16. Juni in Soweto gegen Afrikaans als Unterrichtssprache. Die Polizei erschießt zwei Kinder; es beginnt ein landesweiter Widerstand, der mindestens 600 Tote fordert.

1983 Reformen durch internationalen Druck: Mischlinge und Asiaten erhalten mehr Rechte. In den folgenden Jahren Aufhebung des Verbots von Mischehen und Abschaffung der Passgesetze.

1984 Friedensnobelpreis für Erzbischof Desmond Tutu.

1989 Rücktritt von Präsident Botha, Frederik Willem de Klerk wird sein Nachfolger.

1990 Am 2. Februar kündigt Präsident de Klerk die Freilassung von Nelson Mandela an. Der Ausnahmezustand wird beendet, Organisationen wie der ANC sind wieder zugelassen.

1993 Präsident de Klerk und Nelson Mandela erhalten gemeinsam den Friedensnobelpreis; die Wirtschaftssanktionen gegen Südafrika werden aufgehoben.

1994 Erste freie und allgemeine Wahlen. Mandelas ANC gewinnt sie mit 62 %; de Klerks National Party (NP) kommt nur auf 20 %. Am 10. Mai wird Nelson Mandela als erster schwarzer Präsident Südafrikas vereidigt.

1996 ANC und NP beschließen eine neue Verfassung. Die NP geht nach 48 Regierungsjahren in die Opposition, 2005 löst sie sich auf.

1998 Die Wahrheitskommission bringt weitere Menschenrechtsverletzungen ans Tageslicht.

1999 Wahlen nach der neuen Verfassung. Thabo Mbeki wird Nachfolger von Nelson Mandela.

2001 Die Anti-Aids-Kampagne klagt gegen die Regierung wegen unterlassener Hilfeleistung.

2002 Einreichung einer Sammelklage von rund 2000 Apartheidopfern gegen internationale und drei deutsche Großbanken.

2004 Bei den Parlamentswahlen erzielt der ANC mit fast 70 % der Stimmen die Zweidrittelmehrheit. Südafrika erhält den Zuschlag für Ausrichtung der Fußball-Weltmeisterschaft 2010.

2007 Helen Zille, Bürgermeisterin von Kapstadt, wird Präsidentin der liberalen Oppositionspartei Demokratische Allianz.

2008 Präsident Thabo Mbeki tritt auf Drängen des ANC zurück.

2009 Bei den Parlamentswahlen im April gewinnt der ANC, erreicht aber nicht die Zweidrittelmehrheit. Der umstrittene Jacob Zuma wird zum Staatspräsidenten ernannt.

2010 Südafrika richtet erfolgreich die Fußball-Weltmeisterschaft aus.

Natur und Umwelt

Südafrika bildet nur ein Prozent der Landmasse unseres Planeten, aber das Land ist eine »Arche Noah«, in der zehn Prozent aller Pflanzen-, acht Prozent aller Vogel- und fast sechs Prozent aller Säugetierarten beheimatet sind. An die 300 Säugetiere – von der winzigen Pygmäenmaus über Antilopen und Löwen bis zu den großen Landsäugetieren wie Elefant, Nashorn und Flusspferd – leben hier. Nationaltiere sind der **Springbock** und der **Paradieskranich.**

Giraffen bedienen sich im obersten Stockwerk der Natur

Der Tierreichtum ist jedoch nur noch ein Rest meist riesiger Herden, die vor 300 Jahren bei Ankunft der europäischen Siedler durchs Land zogen. Der Mensch hat einige Tierarten völlig ausgerottet. Dazu gehören der **Kaplöwe** und das **Quagga,** eine Zebraart, ebenso wie die **Blaue Antilope.**

Durch die Einrichtung von Schutzgebieten konnten buchstäblich drei Minuten vor zwölf einige bedrohte Tierarten gerettet werden. Zu ihnen gehören Spitz- und Breitmaulnashörner, Buntböcke und Afrikanische Wildhunde. Stark gefährdet sind Krokodile und Riesenschildkröten, beispielsweise die über 100 kg schweren Lederschildkröten in Natal. Im Land existieren ca. 200 verschiedene Echsen- und etwa 130 Schlangenarten, von denen aber nur die wenigsten für den Menschen wirklich gefährlich oder gar lebensbedrohend sind. In Acht nehmen sollte man sich jedoch vor der Grünen und Schwarzen Mamba sowie der Puffotter, die im Gegensatz zu ihren Artgenossen nicht flüchtet.

Der Reigen von über 900 Vogelarten reicht vom halbfingerkleinen **Malachit-Nektarvogel** bis zum flugunfähigen Vogel **Strauß.** Einige Schutzgebiete, so der Kgalagadi Transfrontier Park, gehören zu den letzten Refugien vieler Greifvogelarten wie **Adler** und **Geier.** Die tropische Wasserlandschaft des Maputalandes an der Küste von KwaZulu-Natal ist Brutstätte von **Pelikanen** und **Flamingos;** dort leben allein im kleinen Mkuzi-Wildreservat über 400 Vogelarten.

Meerestiere zeigen sich durch das nährstoffreiche Wasser besonders entlang der Westküste in großer Artenvielfalt. Vor der Südküste kann man zwischen Juni und November **Pottwale** und **Blauwale** zu Gesicht bekommen. Die Korallenriffe des Indischen Ozeans bilden ein weit verzweigtes Ökosystem mit Langusten und Skorpionsfischen, bunten Falter- und Wimpelfischen – aber auch Haien. Die Badestrände um Durban sind aber durch stabile Hainetze völlig sicher.

Mit rund 24 000 verschiedenen Blütenpflanzen (davon allein 700 Baumarten) bricht Südafrika alle botanischen Rekorde. Das gilt vor allem für die Pflanzenvielfalt am Kap. Auf weniger als 70 000 km² wachsen 8000 Pflanzenarten; fast drei Viertel von ihnen sind endemisch. Die **Fynbos** (was soviel wie Macchia bedeutet) genannte Vegetationszone im Süden besteht aus 600 verschiedenen Erikaarten, Geophyten (Zwiebel- und Knollengewächse) sowie 85 Proteenarten, darunter die **Königsprotea,** die Nationalblume des Landes. Viele Pflanzen der Kapflora sind nach Europa gebracht worden, zum Beispiel Geranien, Lilien, Gladiolen, Iris und Fresien.

In der Wüste des Richtersveld im Nordwesten gedeihen die meisten Sukkulenten – Wasser speichernde Pflanzen wie **Köcherbäume** und **Lithops** (»Lebende Steine«). **Baobabs** (Affenbrotbäume) überragen die Grassavanne im Nordosten von Transvaal. Pretoria überzieht im Oktober zur Blütezeit der **Jakarandabäume** ein violetter Schleier. Diese »Exoten« sind im 19. Jh. aus Südamerika eingeführt worden – ebenso wie Bougainvillea, Hibiskus und Azalee.

Echt gut!

Die eindrucksvollsten Landschaften

- Einen atemberaubenden Rundblick über die ganze Kap-Halbinsel bietet der **Tafelberg** bei Kapstadt – am besten hochwandern oder mit der Seilbahn hinauffahren und einfach genießen. ❯ S. 56
- Kilometerlange Traumstrände am Indischen Ozean, wilde Felsenlandschaften und tiefe Schluchten machen den Reiz der Küste entlang der **Garden Route** von Mossel Bay bis Port Elizabeth aus. ❯ S. 76
- 800 m tief und 26 km lang ist der **Blyde River Canyon** und damit weltweit der drittgrößte. Der schönste Teil sind die Three Rondavels, drei Felsformationen, die wie überdimensionale Rundhütten wirken. ❯ S. 118
- Die Arche Noah Afrikas, wie der **Krüger-Nationalpark** auch genannt wird, ist nach wie vor unschlagbar mit ihrer vielfältigen Tier- und Pflanzenwelt. ❯ S. 119
- Über fast 1000 km erstreckt sich der eindrucksvolle Gebirgszug der **Drakensberge** und ist gespickt mit über 3000 m hohen Gipfeln, Wasserfällen, Schluchten und Felszeichnungen der San. ❯ S. 98
- Mangrovensümpfe, ursprünglicher Küstenurwald, Krokodile, Nilpferde und Flamingos prägen den **iSimangaliso Wetland Park,** ein einzigartiges Naturphänomen von fünf Ökosystemen. ❯ S. 107
- Das rote Sandmeer der Kalahari-Wüste im **Kgalagadi Transfrontier Park** ist eines der letzten Naturparadiese der Erde. ❯ S. 137

Die Menschen

Von 1913 bis zur Wahl im April 1994 bestimmte in Südafrika die Hautfarbe das gesamte Leben: die Wahl des Wohnorts, der Schule, des Transportmittels, Arbeitsplatzes etc. Wenn auch die gesetzlich verankerte Rassendiskriminierung abgeschafft ist – die soziale Apartheid wird noch lange bestehen bleiben. An den Schaltstellen in Industrie und Wirtschaft sitzen oft Weiße. Weiterhin sind viele Schwarze auf das Know-how der Weißen angewiesen, die ihrerseits ohne das Potenzial an Arbeitskräften und Käufern nicht existieren könnten. Während die Kriminalität in Bereichen wie Mord sinkt, steigen Drogendelikte dramatisch an. Geradezu katastrophal wirkte sich die zögerliche Aidsbekämpfung der Regierung aus, die HIV-Infektionsrate ist eine der höchsten weltweit.

Aufbruch zu sozialer Gerechtigkeit

Nur in wenigen Ländern der Erde ist die Kluft zwischen Arm und Reich so groß wie in Südafrika. Besonders für die schwarze Bevölkerung fehlt es nach wie vor an Wohnungen, Kliniken und Schulen. Das »Reconstruction and Development Programm« soll dazu beitragen, die krassen sozialen Unterschiede zu beseitigen. Neben der Senkung der Einkommenssteuer für Geringverdiener und der wirtschaftlichen Stärkung von Kleinunternehmen vor allem für Schwarze (»Black Economic Empowerment«) wird die Einführung einer allgemeinen monatlichen Grundsicherung für die Bevölkerung diskutiert. Auch in der Bildungspolitik unternimmt die Regierung erhebliche Anstrengungen. Der Weg zu einer sozial gerechteren Gesellschaft ist noch lang.

Die San sind die ältesten Bewohner des südlichen Afrika

Religion

Über die Jahrhunderte hinweg haben Missionare ganze Arbeit geleistet – rund 80 % aller Südafrikaner sind Christen, aufgeteilt auf unterschiedlichste Kirchen. Die Quasi-Staatskirche der Buren (die Niederländisch-Reformierte Kirche, NG-Kerk) reflektierte nicht nur deren streng calvinistische Lebensform, sondern unterstützte auch die Apartheid. So gab es innerhalb der NG-Kerk gemäß der zur gottgewollt deklarierten

Sozialordnung vier Gruppen: Weiße, Farbige, Inder und Schwarze. Als »Kirche ohne Weiße« wurde schon 1910 die Zion Church gegründet, denn wenigstens dort fanden ihre Mitglieder Anerkennung und Verständnis. Die meisten Glaubensgemeinschaften der Schwarzen verbinden christliche mit traditionell afrikanischen, animistischen Glaubensvorstellungen. Der Anteil von Hindus und Muslimen an der Bevölkerung ist mit rund 1,5 Mio. eher gering. Etwa 120 000 sind jüdischen Glaubens.

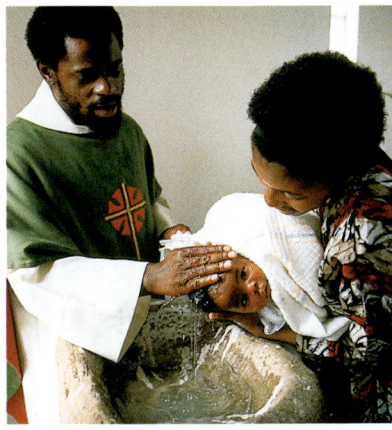

Taufe in einer lutherischen Kirche

Kunst, Kultur und Kunsthandwerk

Kunsthandwerk

Die kunsthandwerklichen Fähigkeiten der schwarzen Völker Südafrikas kommen vor allem bei Alltagsgegenständen und der Kleidung zum Ausdruck. Portugiesische Händler brachten ab dem 17. Jh. farbige Glasperlen zunächst als Tauschobjekte ans Kap, welche die zur Dekoration dienenden Lehmkügelchen bald ersetzten. Vor allem die Zulu und Xhosa haben diese Glasperlenarbeiten fantasievoll ausgestaltet; sie zieren Stöcke, Töpfe und vor allem Kleidungsstücke, sogar Tiere oder Figuren werden daraus gefertigt.

Holz-, Flecht- und Tonarbeiten gehören zu den typischen Produkten des südafrikanischen Kunsthandwerks. Aus Gras oder Palmblättern geflochtene Körbe und Schalen kommen meist aus KwaZulu-Natal. Tontöpfe aus Venda sind oft mit geometrischen Mustern verziert, die in den feuchten Ton geritzt werden. Skulpturen aus Holz findet man überall auf Märkten, ebenso dekorative Gegenstände aus Draht, von Schalen und Bilderrahmen bis zu CD-Ständern.

Architektur

Die ersten holländischen Einwanderer schufen schon bald nach ihrer Ankunft 1652 den Cape Dutch Style, den **kapholländischen Baustil.** Charakteristika der strohgedeckten, strahlend weiß gekalkten Häuser sind klare Formen mit sparsamer Stuckverzierung und Mittelgiebel in

Typisches Haus im kapholländischen Baustil in Stellenbosch

der Hauptfassade. Der Grundriss änderte sich von rechteckig über L-, T- und H-Formen bis zur U-Form. Ab Mitte des 18. Jhs. wurden die Giebeldächer oft durch Flachdächer ersetzt. Prächtige Häuser im kapholländischen Stil kann man heute in Groot Constantia bei Kapstadt und den alten Orten Stellenbosch, Paarl und Swellendam bewundern.

Burische Heldenarchitektur zeigt sich monumental im Voortrekker Monument bei Pretoria > S. 116. Nach der Einwanderung der Briten ab 1806 wurden georgianische, dann **viktorianische Stilelemente** importiert; in Oudtshoorn und Kimberley zum Beispiel sind noch viele Häuser mit den typischen schmiedeeisernen Gittern und weißen Holzbalkonen erhalten. Öffentliche Bauten, die oft mit monumentalen Säulen ausgestattet wurden, sind meist nur unzureichende Kopien der Originale in Europa; auch der berühmte Architekt Sir Herbert Baker, der u.a. die Union Buildings in Pretoria schuf, entwickelte nichts wirklich Eigenständiges.

Die kunstvollen **Rundhütten** der schwarzen Völker sind in den ländlichen Gebieten bei den Venda sowie bei den Sotho, Zulu und Xhosa zu bewundern. Die Ndebele schmücken die Wände ihrer grasgedeckten Lehmhütten mit farbigen geometrischen Malereien. Bei den heutigen modernen Häusern der Schwarzen werden die herkömmlichen Baumaterialien zunehmend durch Wellblech ersetzt; das bedeutet nicht nur, dass jede Isolierung gegen Hitze oder Kälte fehlt, sondern symbolisiert auch den wachsenden Werte- und Traditionsverlust.

Malerei und Bildhauerei

Aus der Kopiertradition europäisch-romantischer Landschaftsmalerei löste sich als eine der ersten **Irma Stern** (1894–1966), der in Kapstadt ein Museum gewidmet ist. Schwarze Künstler wie der »Vater der Township-Kunst«, **Gerard Sekoto** (1913–1993), erhielten ab 1940 Aufmerksamkeit, doch erst in den letzten Jahren gebührende Anerkennung.

Zwischen den Holzschnitzereien von **Anton Anreith** (1754–1822), der z.B. die Groote Kerk in Kapstadt ausschmückte, und den Werken des zeitgenössischen Venda-Bildhauers **Jackson Hlungwani** (geb. 1923) liegen Welten. Star der Moderne ist **William Kentridge** (geb. 1955). Starke Förderung und der weltweite Boom afrikanischer Kunst verwandelten Südafrika in ein Kunst-Dorado.

Literatur

Nadine Gordimer (geb. 1923), die Grande Dame der südafrikanischen Literatur, erhielt 1991 den Nobelpreis. In mehr als einem Dutzend Romanen, zahlreichen Essays und Kurzgeschichten beschreibt sie die Zerrissenheit ihres Landes und die Folgen der Politik für die Menschen. Ihr Vater kam aus Litauen, ihre Mutter war Engländerin.

Es ist bezeichnend, dass vehemente Kritiker der Apartheid Buren sind und in Afrikaans schreiben: **Breyten Breytenbach** (geb. 1939), **John Coetzee** (geb. 1940; Literaturnobelpreis 2003) und **André Brink** (geb. 1935), um nur drei wichtige Namen zu nennen.

Die Literatur der Schwarzen wurde durch **Thomas Mofolos** (1876 bis 1948) und seine Biografie über den Zuluherrscher Shaka begründet. Schriftsteller wie **Mbulelo Mzamane** oder **Miriam Tlali** haben die Apartheid literarisch verarbeitet. Weltweit gespielt werden die Stücke des Dramatikers **Athol Fugard** (geb. 1932). Auf einem seiner Romane beruht der 2006 mit dem Oscar ausgezeichnete Film »Tsotsi«, der in Johannesburg spielt.

Buch-Tipp Einen Einblick in die Literatur des heutigen Südafrika gewährt **Yizo Yizo, Stories aus einem neuen Südafrika** von Manfred Loimeier, Peter Hammer Verlag, Wuppertal 2005.

Musik

Die traditionelle Musik hat sich seit Jahrhunderten nicht verändert, Trommeln, Flöten, auch Xylophone geben Ton und Rhythmus an. Eine Reihe zeitgenössischer schwarzer Musiker lässt althergebrachte Instrumente und Sequenzen in ihre Arbeit einfließen; zu hören ist dies bei der Zulumusik der Gruppe **Bayete** und beim Reggaesänger **Lucky Dube.**

Über viele Jahre hinweg war **Miriam Makeba** (1932–2008) die Botschafterin des schwarzen Südafrika. Die lange im Exil lebende Sängerin kehrte nach der Wende in ihr Heimatland zurück – wie auch der bedeutende Jazzmusiker **Abdullah Ibrahim.** Während der Apartheid schufen sich junge Leute künstlerische Nischen. In Jazzlokalen trafen sich Schwarze und Weiße, die ihrer Zeit voraus waren. Im District Six von Kapstadt oder in Sophiatown von Johannesburg wurde nicht nur guter Jazz gespielt. Hier entstand jede Form von Kunst, ein Mikrokosmos des neuen Südafrika, bereits ab 1960.

Jugendliche in Soweto

Feste und Veranstaltungen

Das ganze Jahr über finden in Südafrika bedeutende Feste statt. South African Tourism **>** S. 139 verschickt detaillierte Programme.

Festkalender

März: **Cape-Minstrel-Karneval.** Bunter Straßenkarneval in Kapstadt. Info: Kaapse Karnaval Association, www.capetown carnival.com.

April: **Klein Karoo National Arts Festival** inOudtshoorn. Riesiges Festival mit Musik, Tanz, Theater und Kunstmarkt. www.kknk.co.za

Juli: **National Arts Festival** in Grahamstown. Bedeutendstes Kunst- und Musikfestival des Landes. Tel. 046/603 1103, www.nafest.co.za.

Juli/August: **Wine Festival** in Stellenbosch. Winzer präsentieren ihre Weine, dazu gibt es Spezialitäten. Tel. 021/886 4310, www.wineroute.co.za.

August/September: Zur spektakulären Wildblumenblüte im Namaqualand finden **Festivals und Blumenshows** statt. Info: Tel. 022/ 772 0110, www.langebaaninfo.com.

November–April: **Summer Sunset Concerts,** Kirstenbosch Botanical Gardens. Beliebte Konzertreihe am Sonntag Nachmittag, www.oldmutual.co.za.

Essen und Trinken

Deftige Küche der Buren

In den Pioniertagen europäischer Einwanderer waren Eintopfgerichte, **Potjies,** und Fleisch an der Tagesordnung. Vielleicht lässt sich daraus die Begeisterung vor allem der Buren für **Braaivleis** (Grillfleisch) erklären. **Braai** ist eine gesellschaftliche Institution und Teil des südafrikanischen »way of life«. Am Wochenende lädt man sich gegenseitig zum Grillen ein, vertilgt reichlich Fleisch und die schneckenförmig aufgerollten **Boerewors** (Burenwürste).

Als die Voortrekker mit ihren Ochsenwagen in unbekannte Ferne zogen, mussten sie Fleisch konservieren. In Streifen geschnitten und gesalzen, hielt es sich als Dörrfleisch monatelang. Das **Biltong** gleicht vertrocknetem Holz und ist oft ebenso hart. Schmackhaftes Biltong stammt von Strauß und Kudu. In den Restaurants bzw. Camps der Wildreservate steht oft **Game** (Wildfleisch) auf der Karte. Fleisch von der Schwarzfersenantilope (Impala) oder vom Kudu ist äußerst

schmackhaft; auch werden Kro-
kodil-Rippchen, Filets vom
Schwanzteil oder Straußenfleisch
in vielen Restaurants angeboten.
Aus alten Zeiten stammt der **Mil-
lipap** genannte Maisbrei, Gund-
nahrung der schwarzen Bevölkerung und Beilage zu deftiger
Burenkost.

Asiatische Gewürze verfeinern
die Küche

Asiatische Raffinessen

Eingewanderte Kapmalaien und
Inder bereichern die Gastronomie
besonders in Kapstadt, wo oft ab-
gewandelte südostasiatische Ge-
richte auf den Speisekarten der Restaurants stehen. Dazu gehören vor
allem **Sosaties** (Fleischspieße), **Bobotie** (ein Auflauf mit Lammhack-
fleisch und Curry) und verschiedene Arten von **Bredie** (Eintopfge-
richt). Im Waterblommetje-Bredie werden die Blüten von Seerosen
mitgekocht.

Durban ist das Mekka der indischen **Currys.** Man sollte sie »mild«
bestellen – dann sind sie für den nicht an Scharfes gewöhnten Gaumen
gerade noch erträglich. Zu den Currys wird meist ein süßsaures **Chut-
ney** gereicht. Auf dem Indian Market in Durban und in vielen Spezial-
geschäften kann man indische Gewürze kaufen und bekommt meist
Rezepte gleich mitgeliefert – ein originelles und leicht transportables
Mitbringsel.

Britische Küche

Britische Einwanderer haben Roastbeef und das umfangreiche *English
breakfast* eingeführt, das in allen größeren Hotels serviert wird. Belieb-
tester Bestandteil der morgendlichen Kalorienschlacht sind Eier in jeder Form mit Speck und Wurst. Manchmal werden auch Fisch, Leber
und dicke Bohnen gereicht. Meist hält das vor bis zum Nachmittag;
zum *high tea* gibt es oft hausgemachtes Gebäck, *scones,* mit Schlagsahne
und Konfitüre.

Fangfrisch auf den Tisch

Freunde von Fisch und Meeresfrüchten kommen vor allem an der Küste auf ihre Kosten – die fangfrischen Meerestiere sind relativ preiswert
in Südafrika. In Knysna, an der Gartenroute, werden Austern gezüchtet
und können direkt in der Farm am kleinen Hafen genossen werden. Die
Westküste um Langebaan ist nicht nur für den wohlschmeckenden
Fisch **Snouk,** sondern auch für edlen **Crayfish** – kein Fisch, sondern

Besondere Restaurants

- Auf dem Weingut **Buitenver-wachting** inmitten der Constantia-berge wird in kapholländischem Ambiente exzellente Küche serviert. › S. 57
- Im einzigen 5-Sterne-Hotel Südafrikas, dem Grande Roche im Paarl Valley, bietet das **Bosman's** eine Küche der Extra-Klasse. › S. 62
- Im **Africa Café** in der Long Street in Kapstadt gibt es beim Communal Feast Kostproben verschiedenster Speisen aus ganz Afrika sowie afrikanische Live-Musik. › S. 55
- Direkt am Hafen von Hout Bay liegt mit dem **Mariners Wharf** eines der besten Fisch- und Seafood-Restaurants Südafrikas. › S. 61
- Wer nach dem täglichen Beefburger wieder gute französische Küche genießen möchte, ist bei **La Madeleine** in Pretoria richtig. › S. 115
- Die afrikanische Küche des **Gramadoelas** am Market Theatre in Johannesburg lohnt den Weg nach Downtown auch ohne Theaterbesuch. › S. 94
- Das **Moyo** am Melrose Arch, dem Treffpunkt der schwarz-weißen Yuppie-Szene in Johannesburg, ist bekannt für exquisite Gerichte neben riesigen Granitfelsen. › S. 94
- Im **Digger's Den** in Pilgrim's Rest wird aus Emailpfannen und Eisentöpfen gegessen – wie einst bei den Goldgräbern. › S. 118
- Bei der kulinarischen Reise durch Südafrika ist die indische Küche in Durban ein Muss. Im **Saagries** sind Currys mit Meeresfrüchten eine Spezialität. › S. 104

eine kleine Languste – berühmt. Zur Fangsaison feiert man in der nahen Lambert's Bay Ende November das »Crayfish-Festival«. Wenn **Linefish** auf der Speisekarete steht, handelt es sich übrigens um fangfrischen Fisch von der Angel. In Mpumalanga (beim Krüger-Park) und in den Drakensbergen kann man gut **Forellen** (Trout) essen.

Afrikanische Küche

Die Südafrikaner besinnen sich zunehmend zurück auf die traditionelle afrikanische Küche. Deren regional unterschiedliche Produkte bereichern längst die von ausländischen Gästen sehr geschätzte südafrikanische Fusion aus europäischen und asiatischen Einflüssen. Restaurants in Kapstadt (z.B. das Africa Café), Johannesburg oder Durban laden zu kulinarischen Entdeckungstouren ein. Sogar die karge Naturdiät der San steht wieder auf dem Speiseplan – die Produkte der Hoodia-Pflanze werden als Schlankmacher vermarktet.

Getränke

Wegen der einwandfreien Qualität des Leitungswassers hat sich bis auf *soda water* Mineralwasser bisher kaum durchgesetzt. Das **Skoonspruit** (Flaschenwasser) ist teurer als Bier, das auf deutsche und englische Art gebraut wird und auch in Light-Version, alle meist in Dosen, erhältlich ist. Am beliebtesten sind die Marken **Castle, Black Label** und das leichte **Windhoek** aus Namibia.

Der oft mit Zichorie vermischte und auch in guten Restaurants servierte Pulverkaffee ist für Kaffeefreunde ein fades Geschmackserlebnis, allerdings bekommt man heute überall auch Filterkaffee. Tee wird fast nur in Beuteln aufgegossen. Der beliebte **Rooibostee** wird am Westkap um Citrusdal aus den Blättern des Rotbuschs gewonnen.

Alkohol erhält man in Supermärkten, vor allem aber im Bottle Store oder Drankwinkel. Softdrinks und Bier werden überwiegend in Dosen verkauft – mit 2,5

Knysna ist bekannt für seine Austern

Milliarden Getränkedosen im Jahr hält Südafrika den Weltrekord im Verhältnis zur Bevölkerung. Besonders in kleineren Restaurants sollte man auf die Art der Alkohollizenz achten. Y bedeutet, dass Alkohol nur zu den Mahlzeiten ausgeschenkt werden darf; YY: nur Ausschank von Wein und Bier; YYY: *fully licensed* (volle Lizenz).

Trotz weltweiter Frauenemanzipation hat sich in einigen Städten Südafrikas noch immer die Institution der Ladies' Bar gehalten: Frauen sind offiziell in den anderen Bars nicht geduldet – natürlich dürfen aber Männer in die Damenbars …

Südafrikanische **Weine** gehören zu den besten der Welt und kosten im Restaurant – anders als etwa in Deutschland – nur etwa das Doppelte des ohnehin meist niedrigen Ladenpreises. Eine Flasche Rot- oder Weißwein in guter Qualität ist zum Essen schon für umgerechnet rund 8 € zu haben.

Drei Viertel der Weinproduktion entfallen auf Weißweine (viel Chenin Blanc); seit einigen Jahren werden auch hervorragende Riesling- und Chardonnay- wie auch Roséweine produziert. Die Rotweine sind von geschmeidiger Kraft, oft aber mit 13 % Alkohol und mehr recht schwer *(full-bodied)*. Überwiegend werden Cabernet Sauvignon und die Kreuzung Pinotage trocken ausgebaut › S. 63.

Sekt (zum Teil in Flaschengärung) ist von ebenso guter Qualität wie Sherry und Brandy. Der cremige **Amarulalikör,** eine südafrikanische Erfindung, wird aus den gelben Früchten des wild wachsenden Marulabaums destilliert.

Buch-Tipp Wendy Toerien: **Die Weine Südafrikas.** Collection Rolf Heyne, 2002 (nur noch antiquarisch).
John Platter: South African Wine Guide. Erscheint jedes Jahr neu; www.ewine.co.za

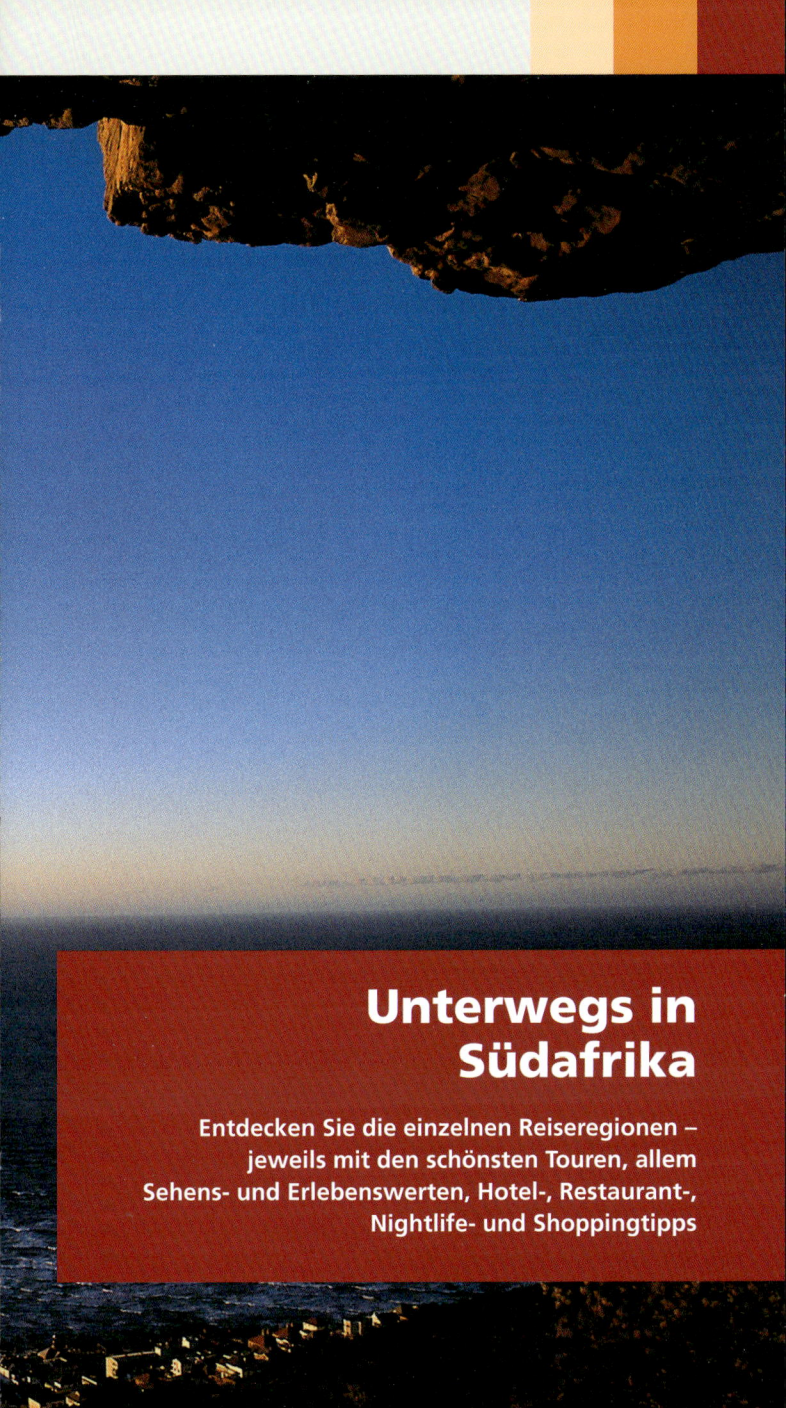

Unterwegs in Südafrika

Entdecken Sie die einzelnen Reiseregionen –
jeweils mit den schönsten Touren, allem
Sehens- und Erlebenswerten, Hotel-, Restaurant-,
Nightlife- und Shoppingtipps

Kapstadt und Umgebung

Nicht verpassen!

- Mit der Seilbahn auf das Tafelberg-Massiv fahren
- Einen Sundowner auf dem Signal Hill oder am Strand von Camps Bay genießen
- Durch Bo-Kaap, Long Street und Company's Garden schlendern
- Das District Six Museum besuchen und sich einer geführte Township-Tour anschließen
- Baden mit Pinguinen am Strand von Boulders

Zur Orientierung

In Kapstadt mit seinen zahlreichen Attraktionen kann man leicht eine Woche verbringen. Und da auch Ausflüge zum Kap oder in die Weinregion auf dem Programm stehen werden, sollte man sich ruhig zwei Wochen Zeit lassen. Zwischen Juli und Ende November locken dazu die Wale und Delfine in Hermanus.

Kapholländische Architektur prägt zwar die gesamte Region, Swellendam ist jedoch das Tüpfelchen auf dem i. Eine Tour durch die Kleine Karoo fasziniert mit spektakulären Pässen, das Weinanbaugebiet um Stellenbosch im Frühsommer mit seinen grünen Weinfeldern vor einer wilden Bergkulisse.

Während hier mittlerweile die Pfade ausgetreten sind, bietet die Cederbergregion nördlich von Kapstadt viel ursprüngliche Natur und Einsamkeit. Auch die verträumten Fischerdörfer an der rauen Atlantikküste leben nur zur Fangsaison des Crayfish von November bis Mai auf.

Besonders schön ist im August/September ein Abstecher ins Namaqualand, wenn sich die Region in ein orange-lilafarbenes Blumenmeer verwandelt.

! Man sollte möglichst nicht im südafrikanischen Winter nach Kapstadt reisen. Während das

Hochland wolkenlos ist, herrscht am Kap zwischen April und August meist Schmuddelwetter. Allerdings fegt der Südostwind oft Staub und Wolken aus der Stadt – Cape Doctor nennt man ihn hier. Im Frühjahr und Herbst weht jedoch oft ein trocken-heißer Wind aus dem Inland, der Kopfschmerzen verursacht. Oktober bis März sind die besten Monate am Kap.

Touren in der Region

1 Rund um die **Kap-Halbinsel

—5— Kapstadt › Tafelberg › False Bay › Table Mountain National Park › Cape Point › Cape of Good Hope › Chapman's Peak Drive › Hout Bay › Kapstadt

Dauer und Länge: 1–2 Tage, ca. 165 km
Praktische Hinweise: Fahren Sie mit ihrem Mietwagen früh los, um die 165 km von Kapstadt zur Südspitze der Kap-Halbinsel und zurück an einem Tag zu schaffen. Badesachen einpacken! Achtung: Tempolimit 20 km/h im Nationalpark. Der spektakuläre Chapman's Peak Drive › 59 nach Hout Bay ist mautpflichtig und häufig gesperrt.

Blick vom Tafelberg auf Kapstadt und Robben Island

Die Halbinsel südlich von Kapstadt mit dem *Table Mountain National Park › S. 58 schiebt sich weit zwischen die beiden Weltmeere Atlantischer und Indischer Ozean; sie endet am **Cape Point** und dem berühmten *Kap der Guten Hoffnung › S. 59. Vielen erscheint dieser Landfinger

Südafrikas als schönstes Ende der Welt. Badebuchten, Fischerdörfer, Naturreservate sowie das älteste Weingut des Landes, Groot Constantia, laden zu Aufenthalten ein. Im Ferienort **Hout Bay › S. 59** ist Fisch essen angesagt. Am besten bleibt man gleich zum Sundowner und für die Nacht dort, aber auch

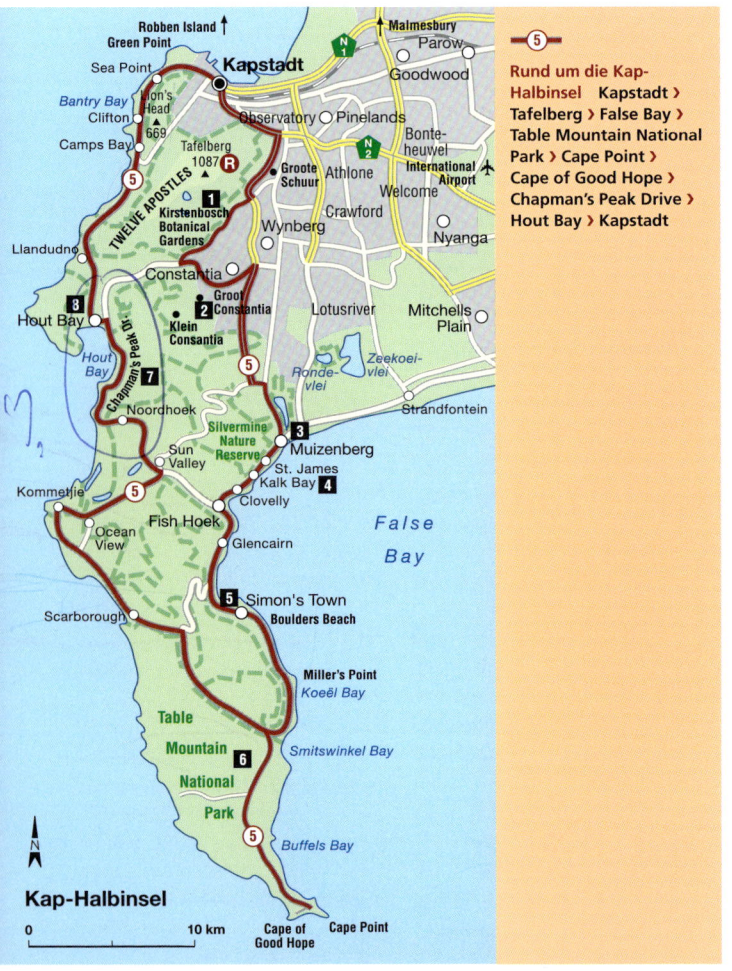

Rund um die Kap-Halbinsel Kapstadt ›
Tafelberg › False Bay ›
Table Mountain National
Park › Cape Point ›
Cape of Good Hope ›
Chapman's Peak Drive ›
Hout Bay › Kapstadt

als Tagesreise verspricht diese Tour viele unvergessliche Eindrücke in kurzer Zeit.

Die Weinregion

— ⑥ — **Kapstadt › Stellenbosch › Paarl › *Franschhoek › Drei-Pässe-Fahrt › Kapstadt**

Dauer und Länge: 3 Tage, ca. 210 km; Karte › S. 60
Praktische Tipps: Den Besuch von ein bis zwei Weingütern einplanen. Festes Schuhwerk für Wanderungen im Hottentots Holland Nature Reserve mitnehmen.

Eine Tour durch das Weinland ist einfach ein Muss, in dieser malerischen Landschaft mit majestätischen Bergen, grünen Tälern und unendlichen Weinbergen kann man sich wunderbar verlieren. Mindestens eine Weinprobe auf einem der vielen Weingüter ist Pflicht, z.B. beim Neethlingshoof in Stellenbosch oder beim wunderschön gelegenen alten Gut Boschendal bei Franschhoek, hier locken dazu zwei Restaurants wie auch Picknickmöglichkeiten.

Insbesondere ****Stellenbosch** › S. 61 und ***Franschhoek** › S. 65 sind in gastronomischer und historischer Hinsicht herausragend – zur Übernachtung laden wunderbar renovierte Herrenhäuser ein.

Im Hinterland von Kapstadt, so z.B. im **Hottentots Holland Nature Reserve** › S. 65, finden Wanderer herrliche Tourenmöglichkeiten.

Zum südlichsten Punkt Afrikas

— ⑦ — **Kapstadt › Hermanus › Cape Agulhas › De Hoop Nature Reserve › Swellendam › Montagu › Worcester › Kapstadt**

Dauer und Länge: 4 Tage, ca. 690 km; Karte › S. 60
Praktische Tipps: Fernglas zur Beobachtung der Wale (Juli bis Nov.) mitnehmen; neben dem touristischen Hermanus gibt es einsame Alternativen zur Walbeobachtung entlang der Strecke, z.B. im De Hoop Nature Reserve. In der Hochsaison (Nov. bis April) Unterkunft unbedingt vorbuchen.

Eine Tour für Natur- und Kulturliebhaber gleichermaßen: So nah an der Küste wie an der Walker Bay tauchen Buckel- und Glattwale kaum irgendwo in Südafrika auf, berühmt für seine guten Wal- und Delfinbeobachtungsmöglichkeiten ist vor allem ****Hermanus** › S. 65. Am besten quartiert man sich hier gleich für eine Nacht ein. Die rauen Gewässer am ***Cape Agulhas** › S. 66, dem südlichsten Punkt des Kontinents, sind bei Anglern sehr beliebt. Wer sich für kapholländische Architektur begeistert, kann in ***Swellendam** › S. 67 schwelgen und dort gleich die Nacht verbringen. **Montagu** › S. 67 lädt zu einem nächtlichen Thermalbad unter dem klaren Sternenhimmel der südlichen Hemisphäre und anschließender Übernachtung ein.

Raue Küste und einsame Berge

⊟─8─ **Kapstadt › Bloubergstrand › West Coast National
Park › Langebaan › Lambert's
Bay › Clanwilliam › Cederberge › Tulbagh › Kapstadt**

Dauer und Länge: 4 Tage,
ca. 685 km; Karte › S. 60
Praktische Tipps: Am Wochenende und zur Hummer-
saison Unterkunft und Restaurant unbedingt vorher
reservieren; Fernglas und
Vogelbestimmungsbuch (er-
hältlich in Buchhandlungen
in Kapstadt) einpacken. Immer
rechtzeitig tanken und Reser-
verad des Mietwagens kontrol-
lieren, z.T. Schotterpisten.

Der kühle Atlantik an der **Westküste › S. 70** sorgt für einsame
Strände und ruhige Fischerdörfer.

Eine Spezialität dieser Region ist
frischer Crayfish, den man z. B. in
Langebaan (hier auch Übernachtung möglich) oder Lambert's Bay
unbedingt probieren sollte (Fangsaison ist von Nov.–Mai).

Die zerklüfteten Bergformationen der ***Cederberge › S. 68**
begeistern nicht nur Wanderer,
ebenso eindrucksvoll sind die riesigen bunten Blumenteppiche bei
*Clanwilliam › S. 68 im südafrikanischen Frühling. Hier bleibt
man am besten für ein oder zwei
Nächte.

Verkehrsmittel

Innerhalb von Kapstadt lassen
sich alle Ziele zu Fuß, mit dem
Minibus oder Taxi erreichen. Für
Touren in die Umgebung gibt es
ein breites Angebot verschiedener
Veranstalter wie auch an Autover-
mietungen.

Unterwegs in ****Kapstadt**

Um den Haupt-
bahnhof Ⓐ

Nordöstlich des Hauptbahnhofs
steht an der Heerengracht das
Denkmal für den Kappionier
und Stadtgründer Jan van Riebeeck und seine Frau Maria.

Am nahen Hertzog Boulevard
arbeitet die Stadtverwaltung (Ci-
vic Centre), ihr gegenüber hat
Kapstadts modernste Bühne ihr

Domizil, das **Artscape Theatre
Centre** (Theater, Konzerte, Tanz,
www.artscape.co.za).

Das sternförmige ***Castle of
Good Hope Ⓑ** mit fünf kanonen-
bestückten Bastionen, das älteste
Gebäude des Landes, erbauten
rund 3000 Matrosen 1666 in nur
einem Jahr. Einen Angriff musste
die Festung, die zeitweise als Residenz der Gouverneure am Kap
diente, nie abwehren. Sehenswert
sind die Eingangspforte an der

Funkelndes Lichtermeer im nächtlichen Kapstadt

Grabenbrücke mit zwei Löwinnen, der **Van-der-Steel-Torweg** – so benannt nach dem ersten Gouverneur – und der **Katzenbalkon** mit Säulen aus Teakholz. Im Festsaal und in den angrenzenden Räumen ist die **Möbel-, Porzellan- und Gemäldesammlung** des 1968 verstorbenen Kunstmäzens William Fehr untergebracht. Die Exponate zur frühen Seefahrt und Entdeckung der Weltmeere wurden aus dem Maritime Museum hierher verlegt. Außerdem beherbergt die Festung ein kleines **Militärmuseum** (tgl. 9.30–16 Uhr). Weitere Details der Anlage können im Rahmen einer Führung besichtigt werden (Mo–Sa 11, 12, 14 Uhr, www.castleofgoodhope.co.za).

Auf dem Platz vor dem Kastell, der Grand Parade, wird **mittwochs und samstags ein bunter Flohmarkt** abgehalten. Gute Parkmöglichkeiten.

City Hall 🅒

Das Rathaus an der Darling Street wurde 1905 in einer gewagten Mischung aus italienischem Renaissance- und britischem Kolonialstil erbaut. Als Beigabe errichtete man nach dem Vorbild des Londoner Big Ben 1923 noch einen 60 m hohen Glockenturm.

Adderley Street

Mit ihren Straßenhändlern und Blumenverkäuferinnen zählt die Adderley Street zur wichtigsten Geschäftsstraße Kapstadts. Der schöne Bau der **Groote Kerk 🅓**, der Niederländisch-Reformierten Kirche aus dem Jahr 1836, ist das dritte Gotteshaus an dieser Stelle und basiert auf dem Fundament der ersten Kirche des Landes von 1678. Der Glockenturm stammt aus dem Jahr 1703. Sehenswert ist die mit Schnitzereien geschmückte Kanzel.

Die **Slave Lodge** Ⓔ, das ehemalige Kulturhistorische Museum, widmet sich heute besonders der Geschichte der Sklaverei. Eine neugestaltete permanente Sammlung und die Sonderausstellungen entwickelten sich zu Besuchermagnet. Schon 1679 als Sklavenunterkunft erbaut, diente das Haus 1809 nach einem Umbau als Postamt, später war es Sitz des Obersten Gerichtshofs. Seit 1966 wird es als Museum genutzt.

Über dem Eingang prangt ein schöner Stuckgiebel. Archäologen brachten in den letzten Jahren Funde zur Hausgeschichte und zum Alltagsleben seiner Bewohner ans Tageslicht. Sehenswert sind auch die permanenten Sammlungen von der Antike bis zur Neuzeit, darunter zur Geschichte der Niederländischen Ostindien-Gesellschaft, die historische Porzellan- oder die Silbersammlung (Mo–Sa 10–17 Uhr, www.iziko.org.za).

An der Government Avenue

Als Fußgängerzone bietet sie Spaziergängern besonderen Genuss, mächtige Eichen spenden Schatten. In den eindrucksvollen weißen **Houses of Parliament** Ⓕ tagte das Parlament erstmals 1814. Seit Gründung der Südafrikanischen Union (1910) ist Kapstadt im ersten Halbjahr, Pretoria im zweiten Halbjahr Sitz der Regierung. Die Parlamentsdebatten sind öffentlich (Besuchereingang

an der Parliament St., Führungen Mo–Fr 9–12 Uhr, Ticket-Telefon 021/403 2201, Eintritt frei, www. parliament.gov.za).

Seit 1934 dient die **St. George's Cathedral** Ⓖ der anglikanischen Gemeinde als Hauptkirche. Der jetzige Sakralbau aus dem Jahr 1901 war bis 1996 Sitz des emeritierten Erzbischofs und Friedensnobelpreisträgers Desmond Tutu. In die Mauern sind Originalsteine aus den Kathedralen von Glastonbury, Westminster Abbey und Winchester eingearbeitet.

Eine der größten Bibliotheken der südlichen Hemisphäre, die **National Library of South Africa** Ⓗ hütet 400 000 Bücher: neben allen in Südafrika je veröffentlichten Werken auch lateinische Manuskripte aus dem 10. Jh. sowie Arbeiten von Shakespeare (Mo bis Fr 9–18, Sa 9 bis 13 Uhr).

Nach so viel Kultur bietet sich eine Rast im ***Company's Garden** Ⓘ an. Hier legte Jan van Riebeeck die ersten Gemüsegärten

Ⓐ	Hauptbahnhof
Ⓑ	Castle of Good Hope
Ⓒ	City Hall
Ⓓ	Groote Kerk
Ⓔ	Slave Lodge
Ⓕ	Houses of Parliament
Ⓖ	St. George's Cathedral
Ⓗ	National Library of South Africa
Ⓘ	Company's Garden
Ⓙ	South African Museum
Ⓚ	South African National Gallery
Ⓛ	Rust en Vreugd
Ⓜ	District Six Museum
Ⓝ	Gold of Africa Museum
Ⓞ	Greenmarket Square
Ⓟ	Koopmans de Wet House
Ⓠ	Victoria & Alfred Waterfront
Ⓡ	Tafelberg

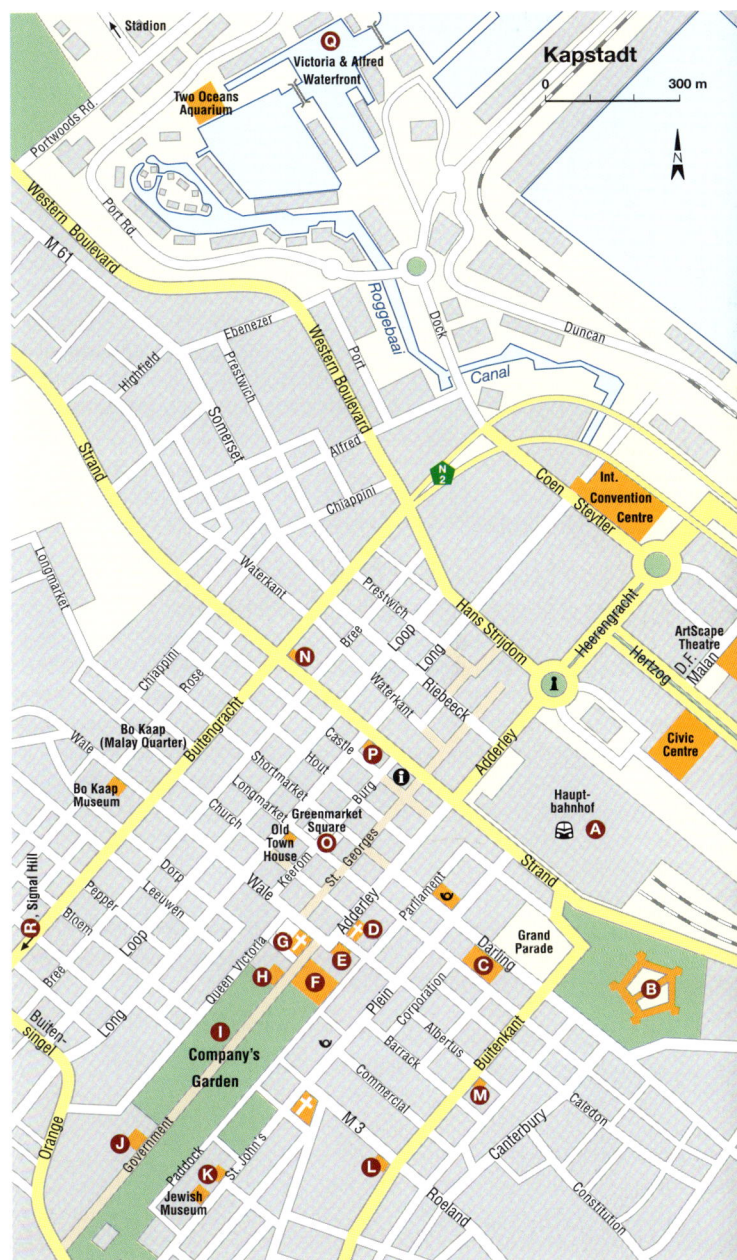

Die Anfänge der South African National Gallery lagen im Jahr 1871

an. Spazierwege führen vorbei an seltenen Bäumen und Sträuchern zu Rosengärten. Weitere Attraktionen sind eine Sonnenuhr von 1782 und zwei Denkmäler: Eines erinnert an Sir George Grey, Gouverneur am Kap von 1845–1862, ein zweites zeigt seinen Nachfolger, den Diamantenkönig Cecil John Rhodes (1853–1902). Der

Aus Kapstadts Geschichte

Portugals großer Seefahrer Bartholomeu Diaz umschiffte 1488 das Kap. Zehn Jahre später gelang seinem Landsmann Vasco da Gama endlich die Realisierung des lang gehegten Traums: Er segelte um das Kap herum und weiter bis nach Indien. Die Seefahrer gaben der auf halbem Weg gelegenen Landspitze den Namen »Kap der Guten Hoffnung«. 1652 landete der Niederländer Jan van Riebeeck im Auftrag der Holländisch-Ostindischen Gesellschaft in der Tafelbucht und errichtete eine Versorgungsstation. Neben Holländern, Briten und Deutschen wanderten bald auch Hugenotten aus Frankreich ein und begründeten die Weinindustrie.

1806 eroberten die Briten das Kap, bis zur Gründung der Südafrikanischen Union 1910 blieb Cape Town Hauptstadt der britischen Kronkolonie. Die Apartheid erreichte auch die sog. Mother Town: 1936 durften in Kapstadt Schwarze nicht mehr zur Wahlurne, ab 1956 wurden auch Farbige vom Wahlrecht ausgeschlossen. Seit der politischen Wende erlebte die Kapstadt einen Zuwandererboom, so dass sie heute mit über 3,5 Mio. Einwohnern die zweitgrößte Stadt des Landes ist. Das Verwaltungszentrum der neuen Western Cape Province ist in der ersten Jahreshälfte auch Sitz der Regierung.

Park ist eine ruhige Oase im Herzen der Stadt mit zahmen Eichhörnchen – und etwas lästigen Tauben.

Am südlichen Ende des Parks zeigt das 1825 gegründete ***South African Museum** seine umfangreichen naturgeschichtlichen Sammlung. Sehr interessant sind die Ausstellungen über das Leben der San und anderer Völker sowie die Nachbildungen prähistorischer Tiere (tgl. 10–17 Uhr, www.iziko.org.za).

Sehenswerte Museen

Einen Schwerpunkt der **South African National Gallery** bilden Gemälde und Skulpture südafrikanischer Künstler, einen anderen die Werke europäischer Meister (Di–So 10–17 Uhr).

Sehr lohnend ist ein Besuch im Patrizierhaus **Rust en Vreugd** . Das Herrenhaus »Rast und Freude«, um 1778 für die Holländisch-Ostindische Gesellschaft gebaut, diente lange als Schule. Schnitzarbeiten aus Teakholz und verzierte Säulen schmücken das renovierte Gebäude, in dem Gemälde aus der Sammlung William Fehr zu sehen sind (Buitenkant/Roeland St., Di–Do 10–17 Uhr).

In einer profanisierten Kirche dokumentiert das **District Six Museum** die tragische Geschichte des gleichnamigen, einst multikulturellen Stadtviertels (25 a Buitenkant St., Mo 9–14, Di–Sa 9–16 Uhr, www.districtsix.co.za).

Das ***Gold of Africa Museum** birgt eine einzigartige Sammlung afrikanischer Goldkunstwerke, ergänzt durch wechselnde Ausstellungen. Eine Schmuckwerkstatt bietet auch Kurse an. Zum Museum gehören ein Shop

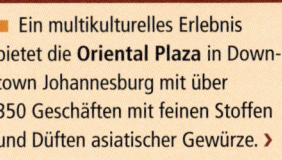

Die besten Shoppingtipps

■ Ein multikulturelles Erlebnis bietet die **Oriental Plaza** in Downtown Johannesburg mit über 350 Geschäften mit feinen Stoffen und Düften asiatischer Gewürze. ❯ S. 95.

■ Nahezu mediterran geht es rund um den **Mandela Square** im feinen Sandton ❯ S. 92 zu. Hier lassen sich an Antiquitätenständen individuelle Souvenirs entdecken.

■ Unter mit buntem Glas verzierten Dächern kann man im **Canal Walk Shopping Centre** bei Kapstadt sein Geld ausgeben – diese komplett künstlich angelegte Einkaufsstadt bietet neben 400 Läden und Entertainment-Hallen Palastarchitektur mit Palmenarrangements. ❯ S. 57.

■ In die historische **Victoria & Alfred Waterfront** eingebettet ist das gleichnamige Einkaufsparadies am alten Hafen von Kapstadt. Neben qualitativ hochwertigem Kunsthandwerk finden Sie hier so gut wie alles, was das Herz begehrt. ❯ S. 53.

■ In der Innenstadt von Kapstadt liegen rund um die **Long Street** kleine Boutiquen, Möbelläden, Antiquariate und mit dem **Pan African Market** das umfangreichste Angebot afrikanischer Kunst. ❯ S. 52.

Viktorianische Häuserfassade
an der Long Street

Entlang der
*Long Street

Am nördlichen Ende beeinträchtigen zwar moderne Zweckbauten das Bild, in Richtung Süden aber verleihen viktorianische Häuser der meistfotografierten Straße Kapstadts bezauberndes Flair. Die sorgfältig restaurierten Gebäude mit ihren schmiedeeisernen Balkonen und Türmchen leuchten in Gelb, Rosa und Hellblau.

Auf dem **Greenmarket Square** ❶, einem alten Marktplatz (1710) mit historischem Kopfsteinpflaster, kann man Mo–Sa auf einem interessanten Flohmarkt stö- bern. Die Westseite des Platzes schmückt das ehemalige Rathaus, das ***Old Town House** von 1775. In dem schönen kapholländischen Gebäude ist eine Sammlung holländischer und flämischer Maler des 17. Jhs. untergebracht (Mo–Fr 10–17, Sa 10–16 Uhr).

sowie ein Restaurant (96 Strand Street, Mo–Sa 9.30–17 Uhr, www. goldofafrica.com).

Klein-Asien in Kapstadt

Westlich der lebhaften Buitengracht ducken sich am Abhang des Signal Hill kleine farbige Häuser; steile Pflasterstraßen ziehen sich hügelan. Aus den Geschäften weht der Duft des Orients, in kleinen Moscheen ruft der Muezzin zum Gebet. Hier im Bo Kaap leben ungefähr 40 000 Kapmalaien, die Nachfahren der einst aus Malaysia verschleppten Sklaven. Die meisten Häuser entstanden Anfang des 19. Jahrhunderts. Das **Bo Kaap Museum** in der Wale Street informiert über das Leben der Kapmalaien (Mo–Sa 10–17 Uhr, www.iziko.org.za; auch Führungen durch das Viertel).

Auf den 350 m hohen **Signal Hill** fahren nicht nur Liebespaare gern und genießen den Sonnenuntergang und das nächtliche Lichtermeer von Kapstadt. Falls die Armbanduhr einmal streikt: Täglich außer sonntags knallt um Punkt 12 Uhr mittags auf dem Gipfel die »Noon Gun« – früher ein echter Kanonenschuss, heute ein elektronisch gesteuertes Signal.

Das ***Koopmans de Wet House** ⓟ, ein herrschaftliches Bürgerhaus von 1701, beherbergt eine Möbelsammlung im holländischen Stil (Di–Do 10–17 Uhr).

Victoria & Alfred Waterfront

Shopping

Die **Long Street** ist das »Quartier Latin« von Kapstadt. Man kann in schummrigen Läden nach alten Büchern stöbern, die Antiquitätengeschäfte sind voll mit Trödel. Kunsthandwerk aus vielen Ländern Afrikas findet man im **Pan African Market,** 76 Long St., Mo–Fr 9–17, Sa bis 15 Uhr und günstiger auf dem **Kunsthandwerksmarkt** am **Greenmarket Square.** Wunderschöne Dinge aus Draht gibt es bei **Streetwires,** 77 Shortmarket St., **www.streetwires.co.za,** Mo–Fr 8.30–17, Sa 9–13 Uhr. Viel Auswahl an Literatur zum südlichen Afrika – z. T. auch deutschsprachig – bietet die **Buchhandlung Naumann,** 17 Burg St., Tel. 021/423 7832.

**Victoria & Alfred Waterfront ⓞ

Aus der einst düsteren Hafengegend entwickelt sich ein lebhaftes Vergnügungsviertel, heute eine Top-Attraktion der Stadt (www.waterfront.co.za). Namengebend waren Queen Victoria und ihr Sohn, der 1860 als 16-Jähriger den Startschuss zum Beginn des Hafenbaus gab. Beim Ausbaggern der Duncan-Docks ab 1938 wurden dem Meer ganze 146 ha Land abgerungen: Kapstadts Foreshore. Hier drängen sich heute Hochhäuser, wie z.B. das **Sanlam-Zentrum** mit seinen 26 Stockwerken, das ab 1950 entstand. Heute prägen viele moderne Geschäftshäuser die City. Die Waterfront ist das innerstädtische Einkaufsparadies von Kapstadt schlechthin. Zur Fußball-WM 2010 ging ein 50 m hohes **Riesenrad** an der Canal Site in Betrieb – von oben hat man einen weiten Ausblick.

Victoria Wharf

Noch Ende der 1980er-Jahre hätten die abbruchreifen Häuser und Lagerhallen im Hafen eine Filmkulisse für einen gespenstischen Krimi abgegeben. Das Hafenflair ist geblieben, ebenso Trockendocks, Frachter, Fischkutter und Segelboote. Ab 1990 wurden die alten Gebäude jedoch restauriert, neue in passendem Stil hinzugefügt – so die zentrale Victoria Wharf, ein Komplex mit Gaststätten und Boutiquen in Form großer Lagerhallen. Das Einkaufs- und Ausgehparadies umfasst etwa 260 Geschäfte, Galerien, Kinos, Hotels, Restaurants und Kneipen.

Beliebte Treffs sind der **Nobel Square** mit den Statuen der vier südafrikanischen Friedensnobelpreisträger, der **Clock Tower** sowie die **Market Plaza** mit dem Maritime Museum (Fotografien und Schiffsmodelle, tgl. 10–17 Uhr).

**Two Oceans Aquarium

Die sonntägliche Haifütterung gehört zu den besonderen Attraktionen des riesigen, modernen Aquariums. Neben Meeresschildkröten und Pinguinen kann man viele Fischarten des Kaps in bis zu 11 m hohen Becken beobachten und faszinierende Einblicke in die Unterwasserwelt gewinnen (tgl. 9.30–18 Uhr, Tel. 021/418 3823, www.aquarium.co.za).

Info

■ Cape Town Tourism
Pinnacle Building][**Burg/Castle St.**
Tel. 021/487 6800
www.tourismcapetown.co.za
Mo–Fr 8–18, Sa 8.30–14, So 9–13 Uhr. Gute Infos, auch Hotel, Mietwagen- und Nationalparkbuchungen. Stadtführungen zu Fuß oder mit dem Doppeldeckerbus Cape Town Explorer.
■ Cape Town Tourism
an der Waterfront
Clock Tower][**Tel. 021/405 4500**
Tgl. 9–21 Uhr.

Echt gut! ■ Der **GoCape Town Pass** bietet ermäßigten Eintritt für das Two Oceans Aquarium, die Table Mountain Seilbahn und den City Sightseeing Bus; erhältlich beim Tourist Office oder unter www.webtickets.co.za
■ **Western Cape Action Tours**
Tel. 021/461 1371

Organisiert überaus informative und einfühlsame Townshiptouren zu historisch bedeutenden Plätzen.

Verkehrsmittel

Preiswert sind **Rikki-Taxis** (**Tel. 021/432 4888**), die kreuz und quer durch die Stadt fahren und dabei Fahrgäste aufsammeln. Zwischen der Waterfront und Adderley Street bzw. Sea Point (Peninsula Hotel) verkehren regelmäßig Busse. Stadtrundfahrten im offenen Doppeldeckerbus bietet **City Sightseeing Cape Town** (Zustieg z.B. am Clock Tower an der Waterfront, **www.citysightseeing.co.za, Tel. 021/511 6000**). Bootsausflüge sind mit der **Waterfront Boat Company** möglich (www.waterfrontboats.co.za).

Hotels

■ **Winchester Mansions**
221 Beach Road][**Sea Point**
Tel. 021/434 2351
www.winchester.co.za
Preisgekröntes Hotel im kapholländischen Landhausstil in fantastischer Lage, mit Pool und »Gingko«-Wellness-Spa. Sehr beliebt ist der Sonntags-Brunch mit Live Jazz. ●●●
■ **iKhaya Guest Lodge**
Dunkley Square, Gardens
Tel. 021/461 8880
www.ikhayalodge.co.za
Kleines hübsches Hotel mit afrikanischem Touch in ruhiger, zentraler Lage. Tolles Frühstücksbuffet. ●●
■ **Dunkley House**
3b Gordon St., Gardens
Tel. 021/462 7650
www.dunkleyhouse.com
Geschmackvoll eingerichtetes kleines Haus mit Pool, auch Apartments; Restaurants und Museen in Gehweite. ●●

■ **The Twelve Apostels Hotel**
Victoria Road][Camps Bay
Tel. 021/437 9000
www.12apostleshotel.com
Boutiquehotel in grandioser Lage am
Fuße der »Zwölf Apostel« mit elegan-
ten Zimmern, SPA-Bereich und exzel-
lentem Fischrestaurant Azure. ●●●
■ **Breakwater Lodge**
Portswood Road][Waterfront
Tel. 021/406 1911
www.breakwaterlodge.co.za
Schlichte, aber großzügige Zimmer in
einem burgähnliche Gebäude. ●

Restaurants

■ **Quay Four**
Victoria & Alfred Waterfront
Tel. 021/419 2008][www.quay4.co.za
Eines der beliebtesten Restaurants mit
Blick auf den Hafen. Fangfrischer Fisch,
exzellente Weinkarte. ●●
■ **Masala Dosa**
167 Long St.][Tel. 021/424 6772
www.masaladosa.co.za
Hervorragende südindische Küche.
Köstliches Hühnchencurry. ●●
■ **Ocean Basket**
75 Kloof St.][Tel. 021/422 0322
www.oceanbasket.co.za
Günstige Fisch- und Meeresfrüchte;
mehrere Filialen. ●
■ **The Africa Café**
108 Shortmarket St.
Tel. 021/422 0221
www.africacafe.co.za
cht gut! Gerichte des ganzen Kontinents
in unterschiedlich dekorierten Räumen.
Vorher reservieren! ●

Nightlife

An der **Victoria & Alfred Waterfront**
ist immer etwas los, z.B. im traditionellen Jazzclub **Manenberg am Clock To-**

Im Two Oceans Aquarium

wer, Tel. 021/421 5639 (auch gutes
Restaurant) oder im **Green Dolphin,**
Pier Head, Tel. 021/421 7471. An der
Vergnügungsmeile Long Street ist
Purple Turtle eine angesagte Musik-
kneipe (**Nr. 31, Tel. 021/424 0811).**

Ausflüge

2 ***Robben Island**
18 Jahre lang war das
Hochsicherheitsgefängnis dort
Verbannungsort des ANC-Füh-
rers Nelson Mandela und vieler
anderer politischer Gefangener.
Aufgrund der historischen Bedeu-
tung nahm die UNESCO die Ge-
fängnisinsel in die Weltkultur-
erbeliste auf (von ehemaligen
Gefangenen geführten Touren,
Tickets Tel. 021/413 4220, www.
robben-island.org.za, Boote fahren 9–15 Uhr stündlich ab Nelson
Mandela Gateway am Clock
Tower Centre an der Waterfront).

Das Restaurant auf dem Tafelberg bietet gutes Essen und tolle Aussicht

**Tafelberg ®

3 Einen atemberaubenden Rundblick über die ganze Kap-Halbinsel bietet an klaren Tagen der 1087 m hohe Tafelberg im Süden von Kapstadt. Er besteht aus Sandstein und Schiefer, war einst mindestens fünfmal so hoch und hat ein stolzes Alter von rund 600 Mio. Jahren. Mehr als 300 Wanderwege führen auf das Plateau; für den einfachsten Aufstieg, den man keinesfalls bei unbeständigem Wetter wagen sollte, benötigt man drei Stunden.

Tourismus und Buschbrände, so der Worldwide Fund for Nature (WWF), haben am Tafelberg schon 15 endemische Pflanzenarten vernichtet, weitere 140 sind von der Ausrottung bedroht. Der Tafelberg ist Teil des **Table Mountain National Park ›** S. 58.

Den Weg hinauf ermöglichen moderne Panorama-Drehkabinen, die alte Seilbahn-Nostalgie von 1929 längst abgelöst haben. Ein Erlebnis ist es, den Tafelberg auf einer der vielen Wanderrouten zu Fuß zu erklimmen, z.B. über die Platteklip Gorge.

In den witterungsunbeständigen Monaten Juni–August sollte man möglichst früh hinauffahren, denn der Himmel kann schnell eintrüben (Mai–Mitte Sept. tgl. 8.30–18 Uhr, sonst nach Jahreszeit 8–21.30 Uhr, bei Sturm keine Fahrten, Tel. 021/424 8181, www.tablemountain.net).

Der **Devil's Peak** östlich des Tafelbergs ist mit 1001 m nur wenig niedriger; im Westen erhebt sich der **Lion's Head** (669 m).

Restaurant

Oben auf dem Tafelberg serviert das **Table Mountain Café** ab 11.30 Uhr zwei Frühstücksvarianten, leichte Snacks und v.a. Nudelgerichte. ●

Unterwegs in der Umgebung

4 Canal Walk Shopping Centre

Entertainment pur bietet das riesige **Canal Walk Shopping Centre:** Hier kann man auf künstlichen Flussarmen Boot fahren, gut essen und shoppen bis zum Umfallen – in über 400 Läden. Das Einkaufsparadies liegt nordöstlich von Kapstadt an der N 1 Richtung Goodwood, 10 Min. Autofahrt, Shuttle-Bus vom Visitors Information Centre in der City und von den Hotels Mount Nelson, Westin Grand, Commodore und Suuthern Sun. (www.canalwalk. co.za, tgl. 9–21 Uhr.)

5 **Kirstenbosch Botanical Gardens **1**

Der Gründer der Diamantenfirma De Beers, Sir Cecil John Rhodes, schenkte dem Staat 1902 das Gelände der wunderschönen Botanischen Gärten. Auf gut 500 ha lernt man am Osthang des Tafelbergs fast 90 % der rund 25 000 Pflanzenarten des Landes kennen. Besonders beeindruckt diese Vielfalt zur Blütezeit der meisten Gewächse zwischen Mitte August und Ende Oktober; in den Monaten vorher regnet es hier viel (Sept.–März tgl. 8–19, sonst bis 18 Uhr, www.sanbi.org).

*Constantia **2**

Der Vorort beherbergt das älteste Weingut des Landes, ***Groot Constantia.** Das Herrenhaus ist eines der schönsten Beispiele für kapholländische Architektur und birgt heute ein sehenswertes Museum (tgl. 10–17 Uhr; Besichtigungen mit Kellerführung und Weinprobe tgl. 10–16 Uhr, zwei Restaurants, Tel. 021/794 5140, www.grootconstantia.co.za).

Östlich der vornehmen Villenviertel beginnen die **Cape Flats.** Hier lebt die schwarze Bevölkerung des Kaps unter recht ärmlichen Bedingungen. In Mitchells Plain wurden ab 1975 Reihenhäuser für 250 000 Farbige gebaut.

Restaurant

Buitenverwachting
Klein Constantia Road
Tel. 021/794 3522
Für viele das beste Restaurant im Land, meist ausgebucht. Ideal zum Lunch: Der »Gourmetkorb« mit Delikatessen wie Pâté und Blauschimmelkäse-Mousse ist ab 30 Rand zu haben. So und Mo geschl. ●●, abends ●●●

Echt gut!

False Bay

Den nördlichen Beginn der False Bay markiert der beliebte Badeort **Muizenberg **3**. Neben der zum Museum umfunktionierten Post aus dem 18. Jh. ist vor allem das einstige Sommerhaus von Cecil

Umkleidekabinen am Strand
bei Muizenberg

John Rhodes einen Besuch wert.
Der Diamantenmagnat, Kapgou-
verneur und Rhodesien-Eroberer
starb hier 1902 (Di–So 10–13,
14–17 Uhr).

Ornithologisch Interessierte
sollten sich auf keinen Fall das
Vogelschutzgebiet **Rondevlei** entgehen lassen. Hier leben rund 200
Vogelarten am Brackwassersee
Sandvlei, der von Dünen umgeben ist (Beobachtungssitze; tgl.
7.30–17 Uhr, Dez.–Febr. Sa/So bis
19 Uhr, www.rondevlei.co.za).

Die bunten Umkleidehäuschen
aus viktorianischer Zeit am Strand
von **St. James** gleich südlich von
Muizenberg sind ein beliebtes
Fotomotiv.

Im kleinen Hafen von **Kalk Bay**
4 fahren morgens bunte Fischer-
boote aufs Meer hinaus. Im Sommer werden auch Bootsausflüge
zur **Seal Island** angeboten. Bei
Kalk Bay führt eine schmale Straße in das ***Silvermine Nature**
Reserve. Auf 2100 ha gebirgiger
Landschaft gedeiht eine große
Pflanzenvielfalt; auch Antilopen

und Gazellen leben hier. Wanderwege erschließen das schöne Naturreservat.

*Simon's Town 5 war einst
britischer Militärstützpunkt und
wurde erst 1957 an Südafrika
übergeben. Im Städtchen bietet
die zentrale St. George's Street ein
einheitliches Bild mit hübschen
Häusern aus der viktorianischen
Epoche. In die Residenz des Kap-
gouverneurs von 1777 ist das
Stadtmuseum eingezogen (Mo–Fr
9–16, Sa 10–13 Uhr).

Südlich des Stadt beginnt der
sichere Boulders Beach, den man
sich mit kleinen Brillenpinguinen
teilen muss. Daneben befindet
sich das Schutzgebiet für heute
etwa 3000 Brillenpinguine, ursprünglich gab es zwei Paare! Von
Holzstegen aus kann man die Kolonie gut beobachten (Eintritt).

*Table Mountain National Park 6

Der 22 000 ha große Table Mountain National Park erstreckt sich
vom Tafelberg bis zum südlichsten Punkt der Kap-Halbinsel. Hier
leben u.a. Antilopen, Strauße,
Bergzebras und Paviane. Besonders schön ist das Reservat zur
Blütezeit im September/Oktober
(www.cpnp.co.za).

**Cape Point
Wer vom Parkplatz aus nicht eine
Viertelstunde zu Fuß gehen will,
kann mit der Drahtseilbahn bis
zum eindrucksvollen Cape Point
gelangen (Okt.–März tgl. 9–18,

sonst 9–17 Uhr). Donnernd schlägt die Brandung gegen die über 200 m fast senkrecht abfallenden Felsen.

*Cape of Good Hope

Das berühmte Kap der Guten Hoffnung, einige Kilometer westlich, ist dagegen wesentlich unspektakulärer als Cape Point. Straße und Wanderweg führen zu dieser magischen Schnittstelle zwischen den Meeren: dem Atlantik im Westen und dem Indischen Ozean im Osten. Hier steht ein Gedenkkreuz für den Portugiesen Bartholomeu Diaz, der 1488 als Erster dieses »Kap der Stürme« umschiffte und schließlich in Mossel Bay an Land ging.

*Chapmans Peak Drive 7

Hinter Noordhoek beginnt diese grandiose **10 km lange Küstenstraße** mit ihren 114 Kurven, etwa 150 m hoch über dem Atlantik bis

Brillenpinguine nisten in Boulders

Hout Bay. Viele Stellen der zu den schönsten Panoramastraßen der Welt zählenden Strecke sind durch kurze Tunnels oder mit Stahlnetzen gegen Steinschlag gesichert. Dennoch unbedingt vorsichtig fahren! Halteplätze gewähren die beste Aussicht (Maut).

Hout Bay 8

In Hout Bay wurde zur Zeit der Holländer Holz, *Hout*, geschlagen; inzwischen sind die Wälder längst verschwunden. Der bunte, belebte

---

Wasserspaß am Kap

Die Westküste der Kap-Halbinsel ist windgeschützter als die Ostseite am Indischen Ozean. Aber der Atlantik wird auch im Sommer wegen des kalten Benguela-Stroms kaum wärmer als 17 °C, und tückische Strömungen sind lebensgefährlich. »Drüben« lockt der Indische Ozean mit molligen 23 °C oder mehr. Die Strände an der Westküste sind aber ein Paradies für fortgeschrittene Surfer (z.B. **Long Beach** bei Kommetjie, **Big Bay**), für FKK-Fans, die sich (offiziell illegal) nahtlos bräunen wollen (**Sandy Bay** bei Llandudno), oder für flotte Beachboys und Bikinigirls zum Sehen und Gesehenwerden (**Camps Bay** und **Clifton** westlich von Kapstadt). Entlang der **False Bay** erstrecken sich südlich von Muizenberg weite Sandstrände. Östlich des Badeorts beeinträchtigen allerdings Abwässer das ansonsten saubere, tiefblaue Meer.

Hafen ist ein wichtiges Zentrum für den Langustenfang. Nicht versäumen sollte man einen halbstündigen Bootsausflug nach **Duiker Island,** zwischen Dezember und April drängen sich dort bis zu 5000 Robben (tgl. 9.15, 10 u. 10.45 Uhr; Tel. 021/791 4441).

World of Birds & Monkey Park nördlich von Hout Bay ist ein riesiges Aqiarium mit z.T. begehbaren Käfigen (tgl. 9–17 Uhr).

Hotel

Hout Bay Manor
Main Road][Tel. 021/790 0116
www.houtbaymanor.com
Luxushotel in einem historischen Anwesen, fünf Minuten vom Strand entfernt; Restaurant. ●●●

Echt gut

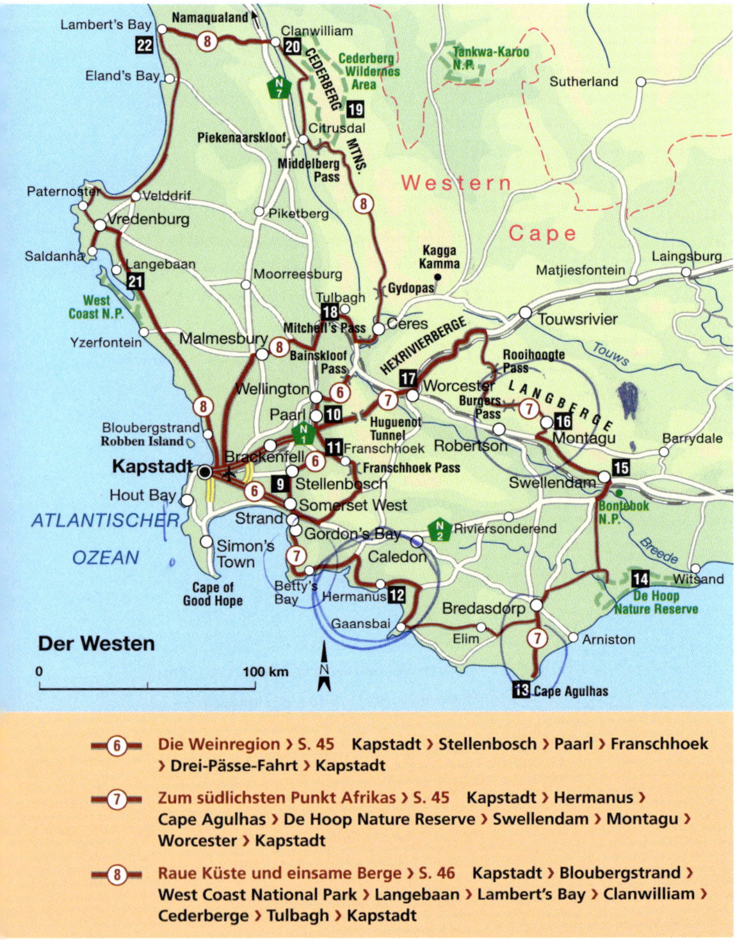
Lambert's Bay
22
Namaqualand
Clanwilliam
20
Cederberg Wilderness Area
CEDERBERG MTNS.
19
Tankwa-Karoo N.P.
Sutherland
Eland's Bay
Piekenaarskloof
Citrusdal
Middelberg Pass
Western Cape
Paternoster
Velddrif
Vredenburg
Piketberg
Saldanha
Langebaan
21
West Coast N.P.
Moorreesburg
Kagga Kamma
Gydopas
Matjiesfontein
Laingsburg
Tulbagh
18
Mitchell's Pass
Ceres
Touwsrivier
Yzerfontein
Malmesbury
Bainskloof Pass
HEXRIVIERBERGE
Rooihoogte Pass
Touws
Wellington
17
Worcester
Burgers Pass
LANGBERGE
16
Montagu
Paarl
10
Huguenot Tunnel
Bloubergstrand
Robben Island
11
Franschhoek
Robertson
Barrydale
Franschhoek Pass
Kapstadt
Brackenfell
15
Swellendam
9
Stellenbosch
Hout Bay
Somerset West
Bontebok N.P.
ATLANTISCHER OZEAN
Strand
Gordon's Bay
Riviersonderend
Breede
Simon's Town
Caledon
Cape of Good Hope
Betty's Bay
Hermanus
12
14
Witsand
De Hoop Nature Reserve
Gaansbai
Bredasdorp
Elim
Arniston
Der Westen
0
100 km
N
13
Cape Agulhas

⑥ **Die Weinregion › S. 45** Kapstadt › Stellenbosch › Paarl › Franschhoek › Drei-Pässe-Fahrt › Kapstadt

⑦ **Zum südlichsten Punkt Afrikas › S. 45** Kapstadt › Hermanus › Cape Agulhas › De Hoop Nature Reserve › Swellendam › Montagu › Worcester › Kapstadt

⑧ **Raue Küste und einsame Berge › S. 46** Kapstadt › Bloubergstrand › West Coast National Park › Langebaan › Lambert's Bay › Clanwilliam › Cederberge › Tulbagh › Kapstadt

Restaurant

Mariners Wharf
Direkt am Hafen][Tel. 021/790 1100
www.marinerswharf.com

Eines der besten Seafood-
Restaurants Südafrikas. ●●

In der Weinregion

6

Stellenbosch 9

In der bereits 1679 gegründeten Stadt sind zahlreiche historische Gebäude erhalten geblieben. Um den Stadtplatz **De Braak**
gruppieren sich das 1797 erbaute
Bürgerhaus mit einem Museum,
das Alte Kutscherhaus von 1790
und die Rheinische Missionskir-
che (1823). In der ***Dorp Straat,**
der Dorfstraße, ist die älteste und
am besten erhaltene Häuserzeile
zu bewundern – heute laden Galerien, Souvenirshops sowie gemütliche Straßencafés zum Bum-
meln und Verweilen ein.

Einen Besuch lohnt das ***Village Museum** in der angrenzenden
Ryneveld Street: Vier Häuser sind
originalgetreu eingerichtet und
wurden im Stil des 18. Jhs. restauriert (Mo–Fr 9–17 Uhr).

In der berühmten **Universität**,
dem »Oxford der Buren«, gegründet 1918, sind heute auch Schwarze zugelassen, doch wegen hoher
Gebühren hält sich die Zahl in
Grenzen.

Zahlreiche **Weingüter und
-kooperativen haben sich zur
Stellenbosch-Weinstraße,** der
berühmtesten Weinstraße Südafrikas, zusammengeschlossen.

Die meisten bieten Weinproben
und Führungen an. (Tel. 021/
886 4310, www.wineroute.co.za)

Info

Stellenbosch Tourism & Information
36 Market St.][Tel. 021/883 3584
www.stellenboschtourism.co.za

Hotels

■ **D'Ouwe Werf Country Inn**
30 Church St.][Tel. 021/887 4608
www.ouwewerf.com
Schön renoviertes und gemütlich eingerichtetes altes Haus von 1802. Auch
das Restaurant ist zu empfehlen. ●●●

■ **Yellow Lodge**
32 Herold St.][Tel. 021/887 9660
www.lordneethling.co.za
Gästehaus unter deutscher Leitung,
zentral und ruhig; acht geräumige Gäs-
tezimmer, kleiner Pool im Garten. ●●

Restaurants

■ **33 Stellenbosch**
Vlottenburg Road (Abfahrt von
der R 310)][Tel. 021/881 3793
www.33.co.za
Klassisch eingerichtet; das Restaurant
mit seiner innovativen Küche gehört zu
den Top 100 von Südafrika. Mittags:
Mi–So, abends: Di–Sa. ●●●

■ **Lord Neethling**
Neethlingshof (an der M 12, 6 km
vom Zentrum)][Tel. 021/883 8966
www.lordneethling.co.za
Top-Restaurant mit südafrikanischer
und internationaler Küche auf einem
Spitzenweingut. Mo geschl. ●●—●●●

***Paarl 10**

In einer wild zerklüfteten Berglandschaft liegt Paarl (108 000
Einw.), das Zentrum des größten

Weinbaugebietes am Kap. Der Name geht auf die Granitkuppen zurück, die den Ort überragen – nach Regen glänzen sie im Sonnenlicht wie Perlen. An der Main Street in Richtung Stadtzentrum liegt das ehemalige Pfarrhaus, die **Oude Pastorie,** von 1714. Es beherbergt jetzt das Paarl Museum mit Möbeln und Antiquitäten aus kapholländischer Zeit (Mo–Fr 9–17, Sa 9–13 Uhr).

Der 600 m hohe **Paarlberg** mit seinen Granitdomen ist Teil eines Schutzgebiets. Hier wurde 1975 das nadelförmige ***Afrikaans Language Monument** errichtet als Symbol für Entwicklung und Verbreitung der Sprache Afrikaans (Mo–Fr 9–16 Uhr). An klaren Tagen bietet sich ein großartiger Panoramablick.

Paarl ist auch Sitz der 1918 zur Stabilisierung der Weinindustrie gegründeten **größten Winzergenossenschaft des Landes, der KWV.** Die Fläche der Weinkeller beträgt mehr als 22 ha, das entspricht einem kleinen Weingut. Über 90 % aller Winzer Südafrikas gehören der KWV an (www.kwv.co.za, Tel. 021/807 3911, Führungen auf Deutsch Mo–Sa 10.15 Uhr).

Die meisten Weingüter der Umgebung kann man besichtigen. **Nederburg** in Paarl (Tel. 021/862 3104) ist ein wahrer Wein- und Sektgigant mit 650 ha Anbaufläche, auf der u.a. sehr guter Cabernet Sauvigon wächst. **Rhebokskloof** ist wesentlich kleiner, bietet aber das exzellente Victorian Restaurant (www.rheboks

kloof.co.za Tel. 021/869 8386). Auf **Fairview** weiden Ziegen und Schafe; neben Wein wird hier auch Käse hergestellt (Tel. 021/863 2450, www.fairview.co.za). Das **Backsberg Estate** (Tel. 021/875 5141) produziert feinen Merlot, Chardonnay und Cabernet.

Info

Paarl Tourism
216 Main St.][**Tel. 021/872 0860**
www.paarlonline.com
Mo–Fr 8–17, Sa, So 10–13 Uhr.

Hotels

■ **Grande Roche**
Plantasie St.][**Tel. 021/863 5100**
www.granderoche.co.za
Tophotel auf einem Weingut mit Schwimmbad, Fitnesscenter und Tenniscourts; Spezialitäten im  Restaurant Bosman's sind Lamm- und Fischgerichte, erlesene Weine. ●●●

■ **Rodeberg Lodge**
74 Main St.][**Tel. 021/863 3202**
www.rodeberglodge.co.za.
Kleines Gästehaus in einem historischen Gebäude im Zentrum, einige Zimmer klimatisiert, sicheres Parken. ●

Restaurants

■ **Laborie**
Talliefert St.][**Laborie Estate**
Tel. 021/807 3095
www.laborierestaurant.co.za
Kapgerichte und internationale Küche, dazu Weine von KWV.
Juni–Sept. Mo geschl. ●●

■ **Pontac Manor**
16 Zion St.][**Tel. 021/872 0445**
www.pontoc.com
Kleines Lokal mit afrikanischem Flair. Fantasievolle und sehr gute Küche. ●●

Special
Das Kap der guten Weine

Südafrikanische Weine haben Tradition und stehen auch bei Käufern in Europa inzwischen hoch im Kurs. Die Produktpalette ist vielfältig, die Geschmackrichtungen bieten jede Nuance. Historisches Zentrum des Weinanbaus ist das Dreieck Stellenbosch – Paarl – Franschhoek. Exzellente (und meist preisgünstigere) Tropfen kommen aus dem Gebiet um Robertson (östl. von Stellenbosch) und von der Westküste. Die meisten Reben werden dort angebaut, wo man es nicht vermutet: am Rand der Kalahari-Halbwüste, westlich von Upington entlang des Oranje-Flusses. Ein Großteil der Ernte wird zu Rosinen verarbeitet. Südafrika zählt inzwischen zu den wichtigsten Weinproduzenten der Welt.

Weinsorten

Aus der Alten Welt wurden die bedeutendsten Trauben importiert: für Weißweine Chenin Blanc, Chardonnay und später auch Riesling, Cabernet Sauvignon, Merlot und Shiraz für Rotweine. Eine speziell südafrikanische Rotweintraube ist Pinotage, eine Kreuzung aus den Rebsorten Pinot Noir (Spätburgunder) und Cinsaut (Hermitage). Die Weinlese am Kap findet im Februar statt, bei Temperaturen um die 40 °C. Kein Wunder also, dass die südafrikanischen Weine schwer

Der **South African Wine Guide** von John Platter (www.ewine.co.za) erscheint jährlich neu. Darin werden alle Weingüter beschrieben und die Weine bewertet. Zudem findet man viele Informationen zu Restaurants und Übernachtungsmöglichkeiten.

15 km nördlich von Stellenbosch immer wieder Medaillen ein **(Tel. 021/ 865 2002, www.villiera.com).**

■ Top-Rotweine und ein gutes Restaurant bietet **Blaauwklippen** in **Stellenbosch, Tel. 021/ 880 0133, www.blaauwklippen.com,** an der R 44 nach Somerset West).

■ **Nelson's Creek** bei **Paarl** hat als eines der ersten Weingüter Rebflächen unter Verwaltung von Farbigen gestellt. Herausragend ist der Pinotage. Hier kann man auch gut essen und Kunsthandwerk kaufen **(Tel. 021/ 869 8453, www.nelsonscreek.co.za).**

sind (bis zu 15 Vol.-% Alkohol bei Rotweinen), dafür aber sehr körperreich.

Weingüter

Bis auf einige Ausnahmen sind auch in Südafrika die Erzeugnisse der bekannten Weingüter teurer (aber nicht immer besser) als Weine aus Gegenden ohne kapholländische Architektur. So wird man z.B. an der **Robertson Wine Route,** 100 km östlich von Paarl, sehr gute Entdeckungen machen (www.robertsonwinevalley.com). Gleiches gilt für die **Swartland-Weinroute** ca. 100 km nördlich von Kapstadt bei Malmesbury (www.swartlandwine route.co.za).

■ Ein bekanntes historisches Gut von 1865 ist **Boschendal** in Franschhoek, Tel. 021/870 4272, **www.boschendal.co.za.**

■ Vor allem für seine Weißweine heimst **Villiera** in **Koelenhof,** knapp

Weinfeste

Einen Überblick über mehr als 350 Weinprodukte aus 75 Kellereien der Kapregion bietet das **Cape Times Waterfront Wine Festival** an vier Abenden im Mai in Kapstadt (Tel. 021/408 7600, www.waterfront.co.za).

An fünf Tagen Anfang Juli feiern Winzer aus Stellenbosch ihr **Stellenbosch Wine Festival** (Tel. 021/886 4310, www.wineonriver. com).

300 Weine von 42 Gütern präsentiert das zweitägige Fest **Wine on the River** im Oktober in Robertson (Tel. 023/ 626 3167, www. robertsonwinevalley.com).

Die **Southern Right Cellars** bei Hermanus (Tel. 028/312 3595, www.hermanuswine.com) produzieren seit 1995 den Rotwein Southern Right Pinotage. Von jeder verkauften Flasche wird ein Rand in Projekte zur Walforschung gesteckt. Auf diese Weise konnte z.B. eine Walzählung in der Walker Bay finanziert werden.

*Franschhoek 🔟

Der kleine Ort ist eine Gründung von Hugenotten. Durch ihre Kenntnisse im Weinbau trugen sie zum guten Ruf der südafrikanischen Weine bei. Franschhoek wird von schroffen Bergen überragt; die meisten Weingüter tragen französische Namen: **Dieu Donné, La Provence** oder **Mont Rochelle.** Der in Südafrika geborene Deutsche Achim von Arnim produziert auf **La Cabrière** hervorragenden Sekt in Flaschengärung (Tel. 021/876 8500, www. cabriere.co.za).

Hotel

Le Quartier Français
16 Huguenot Road
Tel. 021/876 2151
www.lequartier.co.za
Schickes Boutique-Hotel mit einem wirklich exquisiten Restaurant. ●●●

Drei-Pässe-Fahrt

Den Pfad über den **Franschhoek Pass** trampelten einst Elefanten aus, ehe 1819 der Weg bis zur 701 m hohen Anhöhe ausgebaut wurde. Von hier bietet sich ein wunderschöner Ausblick auf das Weinanbaugebiet der namensgebenden Stadt. Nach dem politisch engagierten Farmer Sir Anthony Viljoen wurde der 525 m hohe **Viljoen Pass** benannt. Für die ersten Siedler wurde 1838 der **Sir Lowry's Pass** befestigt. Während der Talfahrt genießt man einen wunderbaren Überblick über die False Bay und die Kap-Halbinsel. Achtung! Zum Anhalten gibt es nur eine Möglichkeit auf der Pass-

An der Küste vor Hermanus schwimmen oft Wale

höhe (402 m). Gleich nach dem Pass gelangt man zum Tor des **Hottentots Holland Nature Reserve,** bekannt für seine einzigartige Fynbos-Vegetation und zahlreiche Wandermöglichkeiten (www.capenature.org.za/reserves. htm).

**Hermanus 🔢

In der Hauptstadt der Walroute an der Walker Bay verkündet im südafrikanischen Winter ein Ausrufer am Strand, wo gerade Buckel- oder Glattwale in Ufernähe aufgetaucht sind. Wal-Saison ist von Juli bis Ende November. Die Berge reichen hier bis an die felsige Küste, an der sich die Wellen brechen. Die meisten Besucher kommen wegen der Sandstrände und Wassersportmöglichkeiten

Cape Agulhas, das Nadelkap, bildet den südlichsten Punkt Afrikas

oder zum Angeln. Etwas nordöstlich bietet das **Fernkloof Nature Reserve** einen Querschnitt der Kapflora, die man auf Wanderwegen studieren kann (Tel. 028/ 313 0819, www.fernkloof.com).

Wal-Hotline mit Zimmer-Reservierung: **Tel. 083/910 1028.** Infos zum jährlichen **Wal-Festival** Ende September unter **www.whalefestival.co.za**

Hotel

Windsor Hotel
49 Marine Drive][Tel. 028/312 3727
www.windsorhotel.co.za
 Altes renoviertes Familienhotel direkt am Meer; Wale beobachtet man hier gleich vom Zimmer aus. ●●

Restaurant

Burgundy Restaurant
Market Square][Marine Drive
Tel. 028/312 2800
Große Frühstücksauswahl (eigene Bäckerei), Seafood-Gerichte zum Lunch. ●●

*Cape Agulhas 13

Der südlichste Punkt Afrikas erhielt den Namen Nadelkap von den portugiesischen Seefahrern, die im 15. Jh. den gefährlichen Punkt umschifften. In den rauen Gewässern am Zusammentreffen von Atlantischem und Indischem Ozean liefen viele Schiffe auf Grund, auch der alte Leuchtturm von 1848 konnte dies nicht verhindern. Im Leuchtturm ist ein kleines Museum untergebracht, von oben bietet sich ein schöner Ausblick.

1999 wurde das eher unspektakuläre Cape Agulhas zum Nationalpark erklärt – es ist vor allem bei Anglern sehr beliebt (www. sanparks.org/parks/agulhas).

De Hoop Nature Reserve 14

Nur wenige Reisende besuchen das wunderschöne Reservat, ein Grund dafür mag die Anfahrt über eine teilweise nur geschotterte Piste sein. An der kilometerlangen Küstenlandschaft mit Sanddünen lassen sich von Juli bis November Wale und Delfine beobachten. An Land kann man insgesamt über 80 Säugetierarten entdecken, darunter die seltenen Buntbock-Antilopen, Bergzebras und Strauße. Mehrere interessante Wanderwege führen durch das recht große Reservat, als Unterkünfte dienen Hütten für Selbstversorger (Tel. 021/659 3500, www.dehoopcollection.co.za).

*Swellendam 15

Das interessanteste historische Gebäude in der drittältesten Stadt Südafrikas ist die alte Landvogtei, die *Drostdy, 1746 in klassischer U-Form erbaut und strohgedeckt. Innen sind alte Möbel und Gemälde zu sehen (Mo–Fr 9–16.45, Sa, So 10–14.45 Uhr). Den Ort selbst überragen die vier wild zerklüfteten Gipfel der Langeberge. Seit Ankunft der Niederländer sind sie nur als 10, 11, 12 und 13 Uhr bekannt, weil sie – zumindest um die Mittagszeit – eine gigantische natürliche Sonnenuhr bilden.

Südlich von Swellendam leben im *Bontebok-Nationalpark die seltenen Buntböcke, ebenso Bergzebras und 200 Vogelarten (www.sanparks.org).

Hotel

Aan de Oever Guest House
21 Faure St.][Tel 028/514 1066
www.aandeoever.com
Gemütliches kleines Gästehaus mit elegant eingerichteten Zimmern, Salzwasserpool im Garten. ●●

Montagu 16

Historische Häuser und britischer Charme kennzeichnen den kleinen Ort am westlichen Rand der Kleinen Karoo – berühmt für den vorzüglichen Muscadel-Wein und die 43 °C warmen Thermalquellen Avalon Springs (3 km außerhalb, tgl. geöffnet). Schöne Wanderwege erschließen die reizvolle Umgebung.

Hotels

Kingna Lodge
11 Bath St.][Tel. 023/614 1066
ww.kingnalodge.co.za
Viktorianisches Gebäude mit vielen Antiquitäten. Exquisites Essen in schönem Speisezimmer. ●●

Avalon Springs Hotel
Uitvlucht St.][Tel. 023/614 1150
www.avalonsprings.co.za
Das moderne Resort-Hotel liegt 3 km außerhalb direkt bei den warmen Mineralquellen in einer Schlucht. Hier kann man auch abends in die im Freien gelegenen Pools steigen. ●●

Worcester 17

Die Industrie- und Handelsstadt ist der zentrale Versorgungsort der Region rund um den Hex River und das Breede-Tal. Weinabfüllungen, Obstmärkte und die großen Brandy-Fabriken bestimmen das wirtschaftliche Leben. Der südafrikanische Brandy galt schon immer als hervorragender Tropfen, der es durchaus mit spanischen Erzeugnissen aufnehmen kann. Das **KWV House of Brandy** in der Church Street bietet Mo bis Fr um 14 Uhr Führungen an (www.kmvhouseofbrandy.com).

Im Freilichtmuseum **Kleinplasie Farm** hat man die verschiedensten Hütten und Häuser der Völker Südafrikas wieder aufgebaut. Nicht nur Kinder finden die Vorführungen von typischem Handwerk wie Brot backen, Schafschur oder Seifenherstellung informativ (Tel. 023/342 2225, Mo–Fr 9.30–16.30 Uhr).

Weingut bei Tulbagh

*Tulbagh 18

Ein Erdbeben zerstörte 1969 viele alte Häuser in dem 1700 gegründeten Städtchen. In der ***Church Street** hat man etliche Bauten wieder restauriert. Die Niederländisch-Reformierte Kirche (1743) und drei benachbarte Häuser dienen heute als Volkskundemuseum (Mo–Fr 9–17, Sa 10–16, So 11 bis 16 Uhr). Etwas außerhalb liegt der elegante Bau **Oude Drostdy** von 1806, wo man zeittypisches Interieur und Wechselausstellungen sehen kann (Mo–Sa 10–13, 14–16.30, So 14.30–16.30 Uhr). Im Keller schmachteten einst Gefangene, heute lagern hier die edlen Tropfen des nahen Drostdy-Weinguts. Der Weinkeller **Twee Jong Gezellen** bei Tulbagh ist auf Sekt spezialisiert (Tel. 023/230 0680).

Restaurant

Paddagang
Church St.][**Tel. 023/230 0242**
Kapmalaiische Küche, Wein und guter Kuchen in einem Haus von 1820, schöne, weinumrankte Terrasse. Di und So Abend geschl. ●●

In den *Cederbergen 19

Etwa 70 000 ha einmalige Berglandschaft zwischen Ceres und Clanwilliam stehen in der **Cederberg Wilderness Aera** unter Naturschutz. Bis auf 2028 m (Sneuberg) erheben sich die zerklüfteten Cederberge. Die hier wachsende Clanwilliam-Zeder gab dem Gebiet ihren Namen. Gute Wanderwege erschließen die Bergwelt mit Schluchten, Wasserfällen und bizarr erodierten Felsen wie z.B. dem Maltheserkreuz. Bei der Algeria Forest Station kann man herrlich zelten (Tel. 027/482 2403, www.caperature.co.za).

*Clanwilliam 20 am Olifants River wurde 1820 gegründet und besitzt schöne Häuser aus jener Zeit. Im Old Goal von 1808 ist heute das Stadtmuseum untergebracht. Neben Zitrusfrüchten, Tabak und Gemüse wird in der Umgebung vor allem Rooibostee aus den getrockneten Blättern des Rotbuschs erzeugt.

Unterkunft

Blommenberg Guest House
1 Graafwater Road][Clanwilliam
Tel. 027/482 1851
www.blommenberg.co.za

12 Zimmer, z.T. mit Kochgelegenheit, gruppieren sich um den Innenhof eines alten Farmhauses am Ortseingang; Pool. ●●

Namaqualand

In den kleinen Ort **Kamieskroon** strömen während der **★★**Wildblumenblüte Besucherscharen, um die einmalige Blumenpracht zu erleben. **Springbok** ist die Hauptstadt des Namaqualandes. Im nahen **Goegap Nature Reserve** wachsen neben diversen Sukkulenten auch bizarre Köcherbäume, die mit den geringen Niederschlägen der Region auskommen. Im Winter sieht man Antilopen, Ga-

Margaritenblüte im Namaqualand

Blumenrausch

Von Mitte August bis Ende September verwandelt sich das öde Hinterland der nördlichen Westküste in ein Blütenmeer – v.a. in dem Gebiet zwischen Garies und Springbok. Die Wildblumenblüte beginnt schon bei Clanwilliam; dort werden in der ersten Septemberhälfte Blumenausstellungen organisiert. Nach den seltenen Regenfällen brechen Mittagsblumen und Namaqua-Daisies, sog. Kapmargariten, aus der Erde und überziehen weite Flächen mit einem orangefarbenen, gelben und blauen Teppich.

Natürlich stehen nicht alle Pflanzen gleichzeitig in Blüte: über den aktuellen Stand informiert die **Flower Hotline Tel. 083/910 1028 oder 021/418 3705**.

zellen und Bergzebras auf den bunten Blumenwiesen.

Nordwestlich von Springbok erstreckt sich die menschenleerste und wildeste Ecke Südafrikas. In dieser Mondlandschaft mit steinigen Bergen und wasserlosen Flussbetten gedeihen unzählige wasserspeichernde Pflanzen. Lohnend ist die Fahrt durch die wüstenhafte Gegend am Atlantik von **Port Nolloth** bis zum Diamantenort Alexander Bay direkt an der Grenze zu Namibia. Eine Sondergenehmigung zum Besuch des Gebiets erhält man beim Richtersveld Management Committee im Ort Lekkersing.

Im Grenzgebiet zu Namibia windet sich der Oranje River durch eine grandiose Bergwelt zum Atlantik. Hier schützt der südafrikanische Teil des grenzübergreifenden Schutzgebietes als **★Richtersveld National Park** eine wilde, unerschlossene Halbwüste mit endemischen Sukkulentenar-

Fangfrischer Snouk aus dem Atlantischen Ozean (Lambert's Bay)

ten. Den Park kann man nur mit dem Allradfahrzeug erkunden (www.sanparks.org).

Wegen der langen Distanzen sollte man sich für die Fahrt mindestens zwei Tage Zeit nehmen.

Info

Richtersveld Challenge,
Tel. 027/712 1905,
richtersveld.challen@kingsley.co.za
Organisiert Exkursionen ins Richtersveld mit Geländewagen und zu Fuß.

Unterkunft

■ **Naries Guest Farm**
27 km westl. von Springbok
Tel./Fax 027/712 2462
www.naries.co.za
Gute Verpflegung mit Hausmannskost, Touren zu Wildblumenwiesen auf dem Farmgelände. ●●
■ **Kamieskroon Hotel**
Old National Road][Kamieskroon
Tel. 027/672 1614
www.kamieskroonhotel.com

Familienhotel; Fotokurse in der Blumensaison März/April und Aug./Sept. ●

Die Westküste

Berühmt ist der Blick vom **Bloubergstrand** über die weit geschwungene Bucht von Kapstadt und den Tafelberg. Über den meist heftigen Wind an den langen Sandstränden freuen sich Wind- und Kitesurfer. Auch das nette Fischerdorf **Langebaan** 21 zieht vor allem Surfer, Segler und Angler an. Der nahe *West Coast National Park* erstreckt sich auf beiden Seiten einer 25 km langen Lagune, ein wahres Vogelparadies (www.sanparks.org).

Hotel

The Farmhouse
5 Egret St.][**Langebaan**
Tel. 022/772 2062
www.thefarmhouselangebaan.co.za
Hübsches Landhotel. ●●

Restaurant

Die Strandloper
Langebaan][**Tel. 022/772 2490**
Im improvisierten Open-Air-Restaurant direkt am Strand gibt es acht Gänge Fisch und Meeresfrüchte direkt vom Grill – zum fairen Festpreis. Im Sommer 4x wöchentl. mittags und abends. Reservierung notwendig! ●●

Im hübschen Fischerort **Lambert's Bay** 22 ist ebenfalls Fisch essen angesagt. Die durch einen Pier mit dem Festland verbundene **Bird Island** ist Nistplatz für rund 14 000 Kaptölpel; man kann sie vom Aussichtsturm beobachten.

Der Süden

Nicht verpassen!

- Wale beobachten in Plettenberg Bay
- Bei den Knysna Heads einen Sundowner genießen
- Die Serpentinen zum Swartberg-Pass hinaufkurven
- Im Red Location Museum in der Township von Port Elizabeth der Geschichte der Apartheid nachspüren

Zur Orientierung

Kaum ein Besucher Südafrikas wird sich die malerische Garden Route von Mossel Bay bis zum Tsitsikamma National Park entgehen lassen, zu verlockend sind die dichten Wälder, die kleinen Seen, steilen Küsten und langen Sandstrände. Schon die ersten Siedler waren begeistert von der üppigen Vegetation und dem angenehmen mediterranen Klima. Die Landschaft kann man auch bei einer Fahrt mit einem nostalgischen Dampfzug genießen. Wem die Küstenroute entlang der N 2 zu sehr befahren ist, dem bieten sich zahlreiche Abstecher ins Landesinnere. So wartet hinter den »Blauen Bergen« die unendliche Weite der trockenen, einsamen Halbwüste der Kleinen Karoo. In Oudtshoorn kann man sich auf einer der zahlreichen Farmen mit der Straußenzucht vertraut machen und sich im riesigen Höhlensystem der nahen Cango Caves verlieren. Unvergesslich bleiben die Ausblicke von der spektakulären Swartberg-Passstraße auf die bizarre Berglandschaft.

Höhepunkte im Hinterland der Hafenstadt Port Elizabeth sind wildreiche Tierparks wie der Addo Elephant und der Mountain Zebra Park. Geschichtsträchtig ist die Gegend weiter östlich bis East London/Buffalo City. In Grahamstown sind die Spuren der britischen Einwanderer noch deutlich zu sehen, entlang des Great Fish River liegen die historischen Schlachtfelder. Mit schönen Sandstränden warten die Orte an der Küste wie Kei Mouth auf. Port Alfred gilt als echtes Surferparadies.

Touren in der Region

 Garden Route und Kleine Karoo

9 Port Elizabeth › Tsitsikamma N.P. › Plettenberg Bay › Knysna › Mossel Bay › Oudtshoorn › Swartberg Pass › Prince Albert › Prince Alfred's Pass › Port Elizabeth

Dauer und Länge: 6 Tage, ca. 1030 km
Praktische Hinweise: Für diese Tour per Mietwagen sollten Sie Übernachtungen in kleineren Orten immer vorher reservieren. Hotels und Campingplätze an der Garden Route, v.a. um Weihnachten, weit im Voraus buchen. Bei Regen ist die Schotterstraße über den Swartberg Pass nicht mit Pkw befahrbar.

Zwischen **Port Elizabeth/Nelson Mandela Bay** › S. 74 und ***Mossel Bay** › S. 80 verläuft die malerische Garden Route. Nach einem Tag an den sicheren Stadtstränden von Port Elizabeth geht es in westlicher Richtung in die wilde, stürmische Landschaft des ***Tsitsikamma National Park** › S. 76. Hier kann man gut und gerne einen Tag in einer der gemütlichen Holzhütten direkt hinter der Felsenküste verbringen. Plett, wie **Plettenberg Bay** › S. 77 kurz genannt wird, besticht mit einer breiten, lang gezogenen Sandbucht.

Wunderschön unterhalb der Küstenbergkette liegt ****Knysna** › S. 78 an einer Lagune mit zwei hohen Sandsteinkliffs am Eingang. Nicht nur Austernliebhaber sollten hier einen Stopp einlegen, denn die Hotellerie bietet viel Auswahl. Zahlreiche Wanderwege durch Strand-, Dünen- und Flusslandschaften oder eine Kanutour locken im ***Wilderness National Park** › S. 80. In **George** › S. 80 startet die Fahrt mit dem Dampfzug Outeniqua Choo-Tjoe auf der Panoramastrecke nach ***Mossel Bay** › S. 80. Wer einmal in einer typischen Strohhütte schlafen möchte, sollte hier Station machen. In Mossel Bay liegt auch die Karavelle von Bartholomeu Diaz, der als erster Europäer die Südküste betrat.

*Oudtshoorn › S. 81 in der wüstenhaften Kleinen Karoo lebt seit mehr als hundert Jahren von der Straußenzucht. Um eine der Straußenfarmen zu besuchen, legt man am besten einen Stopp ein. Die ****Cango Caves** › S. 82 gehören zu den größten und ausgedehnten Tropfsteinhöhlen der Welt. Nach der spannenden Fahrt über den spektakulären ****Swart-**

berg Pass › S. 82 ist eine Pause mit Übernachtung in der Oase **Prince Albert** › S. 82 willkommen. Alle Anhänger wilder und einsamer Berglandschaften sollten noch einen Ausflug in den ***Karoo National Park** › S. 83 einplanen, bevor sie wieder in die Zivilisation an der Küste zurückkehren.

Elefanten und Bergzebras

━⑩━ Port Elizabeth › **Addo Elephant N.P.** › **Grahamstown** › **Port Alfred** › **East London** › **Kei Mouth** › **Mountain Zebra N.P.** › **Graaff-Reinet** › **Port Elizabeth**

Dauer und Länge: 5–6 Tage, ca. 1270 km

Praktische Tipps: Unterkünfte im vielbesuchten Addo Elephant Park rechtzeitig vorbuchen, v.a. für Wochenenden und die Schulferien. Während des National Festival of Arts im Juni/Juli ist in Grahamstown alles ausgebucht! Die Entfernungen zwischen den einzelnen Orten sind z.T. groß, deshalb sollte man rechtzeitig eine Unterkunft suchen. Mietwagenfirmen sind am Flughafen Port Elizabeth vertreten.

Elefanten wird man im ****Addo Elephant National Park** › S. 76 ziemlich sicher zu Gesicht bekommen – neben vielen anderen Tieren, darunter auch die »Big Five«. Auf alle Fälle sollte man eine Nacht im Park verbringen, um die Tiere an den abends beleuchteten Wasserlöchern zu erleben. Wer sich für viktorianische Architektur interessiert, kommt an ***Grahamstown** › S. 84 nicht vorbei. Bei **Port Alfred** › S. 84 oder **Kei Mouth** › S. 85 laden weite Sandstrände zu Wassersport und Spaziergängen ein, in beiden Orten lohnt es sich zu bleiben. Nicht so leicht kann man die seltenen Bergzebras im gebirgigen **Mountain Zebra National Park** › S. 84 beobachten, dafür ist hier eine Safari zu Pferd ein besonderes Abenteuer. Dazu mindestens eine Übernachtung im nahen Ort Cradock buchen!

Das Schatzkästchen der Karoo, ***Graaff-Reinet** › S. 83, schmückt sich mit vielen architektonischen Perlen. In der Innenstadt stehen allein 200 Gebäude im kapholländischen Stil unter Denkmalschutz, Grund genug für einen Aufenthalt mit Übernachtung. Zum Abschluss kann man an den Stadtstränden von **Port Elizabeth** › S. 74 noch einmal schwimmen und surfen.

Wichtige Adresse

Regionales Touristeninformationszentrum Garden Route & Klein Karoo, 124 York St., George, Tel. 044/801 9103, www.tourismgardenroute.co.za

Unterwegs im Süden

Port Elizabeth/ Nelson Mandela Bay **1**

Das »Detroit Südafrikas« ist Zentrum der Autoindustrie. Dank der schönen Strände verdienen die fast 1 Mio. Einwohner auch mit dem Tourismus gut, **Pollock Beach** z.B. ist ein Surfer-Paradies. Schon 1799 errichteten die Briten das Fort Frederick. 1820 siedelten sich 4000 britische Siedler an.

Im Zentrum konnte die »friendly city« ihr historisches Gesicht bewahren. Ein guter Ausgangspunkt für eine Stadtbesichtigung ist der 52 m hohe **Campanile** am Hafen, 1923 zu Ehren der ersten Siedler erbaut). Von oben bietet sich ein guter Rundblick über Stadt und Küste. Den ***Market Square,** auf dem an jedem Sonntagmorgen ein bunter Flohmarkt stattfindet, dominiert das prächtige ***Rathaus** (1858).

Am Hang eines Hügels oberhalb der Algoa Bay ließ der Vizegouverneur am Kap, Sir Donkin, 1820 den Botanischen Garten **Donkin Reserve** anlegen. Im benachbarten **Leuchtturm** (1861) befindet sich das Büro der Tourismusinformation. Nördlich des Botanischen Gartens schließt sich die ***Donkin Street** mit schönen Gebäuden an, die zwischen 1860 und 1870 erbaut wurden.

Den Erlebniskomplex ***Bay-world** mit ***Oceanarium, Snake Park** und **Museum** an der Beach Road, 3 km südlich des Zentrums, sollte man sich nicht entgehen lassen. Im Oceanarium zeigen Delfine und Seehunde täglich um 10 und 14 Uhr ihre Kunststücke. Nebenan sind Schlangen und exotische Vögel zu sehen, im Kindermuseum darf alles angefasst werden (tgl. 9–16.30 Uhr, www.bayworld.co.za).

Bereits mehrere Auszeichnungen konnte das **Red Location Museum mitten in der Township New Brighton erlangen.** Es dokumentiert zum einen den Kampf gegen die Apartheid, zum anderen dient es als Mittelpunkt des öffentlichen Lebens in dem Stadtviertel (Olof Palme/Singaphi St., New Brighton, Tel. 041/408-8400, Mo–Fr 9–16, Sa bis 15 Uhr).

echt gut!

Delfinshow im Oceanarium

Minibusse starten an der Strand Street unter der M4.

■ **Schiffstouren:** Ab **Tug Jetty** starten Hafenrundfahrten, Sunset Cruises und Ausflüge zur Insel Santa Cruz.

Info

Port Elizabeth Visitor Info Center
Donkin Reserve][**Tel. 041/585 8884**
www.nmbt.co.za
Mo–Fr 8–16.30, Sa, So 9.30–15.30 Uhr

Verkehr

■ **Flughafen** ❯ S. 17: Verbindungen nach George und East London.
■ **Bus- und Bahn:** Vom Bahn- und Busbahnhof (Settlersway) starten Züge und Überlandbusse entlang der Garden Route. Tagesausflüge mit dem Schmalspur-Dampfzug **Apple Express** nach Thornhill (Auskunft: Tel. 041/583 4480, www.apple-express.co.za).

Hotels

■ **King Edward Hotel**
Belmont Terrace][**Tel. 041/586 2056**
www.kingedwardhotel.co.za
Im englischen Neobarockstil um 1900 erbaut, nahe dem Zentrum. ●●
■ **Summerstrand**
Marine Drive][**Summerstrand**
Tel. 041/583 3131
www.hotsummer.co.za
Groß und modern mit guter Küche, Pool, Tennis. ●●

Restaurant

Sandpiper
33 Beach Rd. (im Humewood Hotel)
Humewood][**Tel. 041/585 8961**
Beliebtes Strandrestaurant mit üppigem Buffet, tgl. 18.30–21.30 Uhr. ●●

Ausflug in den **Addo Elephant National Park** 2

In dem 164 000 ha großen malariafreien Nationalpark, ca. 70 km nördlich von Port Elizabeth, lassen sich außer den berühmten Kapelefanten auch Spitzmaulnashörner, Büffel, Kudus, Elanantilopen, Löwen, Geparde, Flusspferde und Leoparden beobachten. Die Parkteile Darlington, Kabouga, Zuurberg Section, Main Game Area sowie Colchester und Woody Cape Section an der Küste umfassen fünf von sieben Ökozonen (Biomen) Südafrikas. Der Park wird derzeit erweitert, die Urwälder und Küstendünen bei Alexandria sowie der vorgelagerte marine Lebensraum mit den St. Croix und Bird Islands wurden bereits in das Schutzgebiet miteinbezogen. Die einsamen Sanddünenstrände und Wälder in der Woody Cape Section bei Alexandria sind einen Besuch wert (Wanderungen möglich).

 **7 An der **Garden Route**

*Tsitsikamma National Park 3

Über die eindrucksvolle, 190 m lange **Storms River Bridge,** die in 130 m Höhe über dem Fluss zu schweben scheint, gelangt man in den Park, der Teil des Garden Route National Park ist. Dichte Gelb- und Stinkholzwälder reichen bis zum Meer hinunter. Den besten Eindruck von der wilden Küstenlandschaft erhält man auf dem berühmten **Otter Trail,** der auf 42 km Länge von Storms River bis zum Nature's Valley führt.

❗ Pro Tag sind maximal zwölf Wanderer im Alter von 12 bis 65

Rettung der Kapelefanten

Die weißen Bewohner Südafrikas hatten um 1900 die Elefanten südlich des Vaal-Flusses schon beinahe ausgerottet. Einige große Herden zogen sich in die Gegend nördlich von Port Elizabeth zurück, in der aber mittlerweile viele Farmer lebten. Da die Dickhäuter ihre Felder ruinierten, waren sie bald ihres Lebens nicht sicher. Der Großwildjäger Pretorius schoss nach dem Ersten Weltkrieg in einem Jahr an die 130 Elefanten; nur 16 überlebten. Diese letzten Kapelefanten waren Menschen gegenüber höchst aggressiv. Buchstäblich fünf Minuten vor zwölf wurde die »Hölle des Jägers« 1931 zum **Addo Elephant National Park** erklärt. Es dauerte jedoch Jahrzehnte, bis die Elefanten sich an Menschen gewöhnten und eine neue Generation heranwuchs. Heute leben auf einer Fläche von 1640 km² rund 450 Elefanten. Kein anderes Reservat in Küstennähe beherbergt eine größere Anzahl der Dickhäuter und nirgendwo sind sie leichter zu beobachten. Seit 2005 sind sämtliche »Big Five« zurück, dazu Kapbüffel und viele Antilopenarten.

Der Tsitsikamma National Park umfasst einen Küstenstreifen und Wälder

Jahren zugelassen, eine Genehmigung für die anstrengende, fünftägige Tour muss schon ein Jahr im Voraus eingeholt werden (Tel. 012/426 5111).

Die ersten 3 km bis zu einem Wasserfall darf man auch ohne Erlaubnisschein begehen, ebenso den kürzeren Plankenweg zur Mündung des Storms River. Die Hängebrücke über die Schlucht ist zwar an dicken Stahlseilen befestigt, schaukelt jedoch etwas beängstigend. Unten vermischt sich die Brandung des Meeres mit dem dunklen Wasser des Flusses. Geübte Schnorchler können sich auf einem Unterwasserlehrpfad über die Meeresflora und -fauna informieren (www.tsitsikamma.info).

Unterkunft

Selbstversorgerhütten (auch für Familien), Ferienwohnungen und Campingplatz im **Storms River Mouth Rest Camp.** Im Park stehen Hütten zur Verfügung. Reservierung über die **Parkverwaltung in Storms River, Tel. 042/281 1607.**

Plettenberg Bay 4

»Plett« ist einer der beliebtesten Badeorte an der Garden Route – und einer der vornehmsten, wie die vielen Luxusferienhäuser zeigen. Makellose Sandstrände begrenzen die weite Nehrung. Der portugiesische Seefahrer da Perestrelo taufte den Ort mit Recht Bahia Formosa – schöne Bucht. Über Weihnachten/Neujahr sind die Hotels hoffnungslos ausgebucht. Von Juli bis November kommen so wie bei Hermanus › S. 65 Wale auch hier nahe an die Küste, **Lookout Beach** ist ein guter Beobachtungspunkt.

17 km westlich des Ortes weist ein Schild den Weg zum ***Big Tree.** Dieser »Groote Boom« ist ein gigantischer Gelbholzbaum von 37 m Höhe, der stolze 800

Jahre zählt. Ein kleiner, romantischer Rundweg führt durch dichten Wald mit Farnen und umgestürzten Bäumen zum Big Tree.

Hotels

■ **The Plettenberg**
Lock-out Rocks][Tel. 044/533 2030
www.plettenberg.com
Über der Bucht gelegen, freundliche
Zimmer, hervorragende Küche. ●●●

■ **Forever Resort Plettenberg**
6 km östl. von Plettenberg
Tel. 044/535 9309
www.foreverplettenberg.co.za
Gemütliche Holzchalets (bis zu 6 Pers.)
in hügeliger Waldlandschaft an der
Mündung des Keurboom-Flusses. ●●

**Knysna 5

Die 40 000 Einwohner der reizvollsten Stadt an der Gartenroute leben von der Holzindustrie und der Austernzucht. Zwei gewaltige Felsvorsprünge, die **Heads of Knysna,** überragen den Ort – eine herrliche Kulisse, insbesondere bei Sonnenuntergang. `Echt gut`

Hinter der Lagune erstrecken sich kilometerlange Traumstrände, östlich beginnt der Sandstrand von **Noetzie.** Das Restaurantschiff »John Benn« kreuzt zwischen den Knysna Heads (1,5 Std., Abfahrten 12.30, 18 Uhr, im Winter 17 Uhr ab Waterfront Quays, Tel. 044/382 1693). Spektakulär `Echt gut`

ist auch die Lunch- oder Dinner-
fahrt auf Südafrikas einzigem
Schaufelraddampfer (Abfahrt ab
Featherbed Ferry Terminus tgl.
12.30, 18.15 Uhr, Tel. 044/
382 1693, www.featherbed.co.za).

Shopping

An der **Woodmill Lane** steht das
Woodmill Lane Shopping Centre mit
Restaurants und Souvenirs, z.B. Holz-
vögel von »Feathers of Knysna«,
Batikarbeiten und Schmuck (Mo–Fr
8.30–17, Sa, So bis 13 Uhr).

Info

Knysna Tourist Information
40 Main Str.][Tel. 044/382 5510

www.visitknysna.co.za
Mo–Fr 8–17, Sa 8.30–13 Uhr

Hotels

■ **Knysna Hollow Country Estate**
5 Welbedacht Lane
Tel. 044/382 5401
www.knysnahollow.co.za
Schöne Zimmer und Chalets in einem
Garten mit Pool an der Lagune. ●●●
■ **Brenton-on-Sea-Chalets**
Swart Drive][Tel. 044/382 2934
www.brentononseachalets.co.za
Direkt am Meer, Holzhäuschen,
Chalets (z.T. mit Küche), Zimmer. ●─●●
■ **Buffalo Valley Bush Lodge**
Buffels Bay Road][Tel. 044/387 1111
www.bushlodges.co.za

Der Süden

0   100 km

──⑩── **Elefanten und Bergzebras › S. 73   Port Elizabeth › Addo Elephant
National Park › Grahamstown › Port Alfred › East London › Kei Mouth
› Mountain Zebra National Park › Graaff-Reinet › Port Elizabeth**

20 Min. von Knysna im Naturreservat, Strandnähe. Holzhäuser für Selbstversorger mitten in der Natur. ●

Restaurants

■ **Dry Dock Food Co.**
Knysna Quays][**Tel. 044/382 7310**
Täglich Lunch und Dinner mit Seafood, Salaten, Pasta und Vegetarischem. ●
■ **Knysna Oyster Company**
Lord St.][**Thesen Island**
Tel. 044/382 6942
Frische Zucht- und Wildaustern zu recht günstigen Preisen. ●

*Wilderness National Park 6

Wilderness ist ein beliebter Bade- und Erholungsort mit feinem Sandstrand. Der gleichnamige, 2 500 ha große Nationalpark erstreckt sich von der Mündung des Trouw River bis nach Sedgefield. An den Flussmündungen und in den Seen hinter der Lagune mit einem Gemisch aus Salz- und Süßwasser hat sich eine artenreiche Flora und Fauna entwickelt. Auf einer Wanderung oder einer Kanutour lassen sich viele Wasservögel beobachten. In Holzbungalows oder auf Campingplatz kann man übernachten.

Hotel

Fairy Knowe Hotel
Dumbleton Road][**Tel. 044/877 1100**
www.fairyknowe.co.za.
Angenehmes Haus direkt am Fluss mit Pool. ●

George 7

Die Hauptstadt der Gartenroute (140 000 Einw.) liegt schön am Rand der bis zu 1590 m hohen Outeniqua Mountains. Einst kettete man zum Verkauf stehende Sklaven an der Eiche von 1812 in der York Street an. Hübsche Holzarbeiten zieren die 1842 erbaute Niederländisch-Reformierte Kirche **St. Peter and St. Paul.**

Durch schöne Waldlandschaft direkt am Meer entlang dampft **der historische Zug Outeniqua Choo-Tjo.** von George nach Mossel Bay (10 Uhr ab Bhf. George, 14 Uhr ab Bhf. Mossel Bay, Tel. 044/801 8264). Die kleine Bergbahn **Outeniqua Power Van** startet vom Transport Museum zum Montagu Pass (ca. 3–5 Std., maximal 10 Personen), Tel. 044/801 8239 oder 082/490 5627.

*Mossel Bay 8

Das Städtchen gilt als westlichster Punkt der Garden Route. Schon ab 1501 nutzte man den alten **Postbaum,** um Briefe zu hinterlegen. Der heute täglich geleerte Briefkasten hat die Form eines alten Stiefels. Mit diesem Signum wird die Post auch abgestempelt.

Eisenbahnbrücke bei Wilderness

Gegenüber liegt der ***Bartho-lomeu Diaz Museum Complex.** Im Maritime Museum kann man das 23 m lange Schiff, mit dem Diaz zum Kap segelte, aus der Nähe betrachten. Es wurde 1988, zum 500. Jahrestag, in Portugal nachgebaut und wiederholte die historische Reise. Zum Museums-komplex gehören das Natural History Museum und das Shell Museum mit einer großen Mu-schelsammlung (Mo–Fr 9–16.45, Sa, So bis 15.45 Uhr).

Im Maritime Museum, Mossel Bay

Info

Mossel Bay Tourism
Market/Church St.
Tel. 044/691 2202
www.visitmosselbay.co.za

Übernachtung

Avenues Guesthouse
23 21st Ave.][Tel. 044/691 1097,
www.avenues-guesthouse.com
Ruhiges, familiäres Gästehaus mit
sechs Zimmern (ein Familienzimmer),
Pool und sicherem Parkplatz. ●●

Restaurant

The Lighthouse
Point Road (The Point Hotel)
Tel. 044/691 3512
Gute Seafood-Küche mit asiatischem
Touch und Blick aufs Meer. ●●

Swartberge und Kleine Karoo

*Oudtshoorn 9

Im Weltzentrum der Straußen-zucht verdienten die erfolgreichen Züchter bis zum Ersten Weltkrieg ein Vermögen mit Straußen-federn, ihre viktorianisch inspi-rierten Villen, die »Federpaläste«, sind noch in der Stadt und auf ei-nigen Farmen zu bewundern. Nach Jahrzehnten der Stagnation ist das Geschäft mit Straußen jetzt wieder in Gang gekommen. Das cholesterinarme rote Fleisch ist mittlerweile weltweit auf den Speisekarten der Feinschmecker-lokale zu finden. Das genarbte Straußenleder steht für Schuhe und Taschen hoch im Kurs. Im **C. P. Nel Museum** (3 Baron van Rheede St.) erfährt man alles über die Geschichte der Straußenzucht (Mo–Fr 8–17 Uhr, Sa 9–13 Uhr).

Einige Straußenfarmen in der Umgebung bieten Führungen an: **Highgate,** Tel. 044/272 7115, www.highgate.co.za, die **Safari Ostrich Farm,** Tel. 044/272 7311, www.safariostrich.co.za, beide außerhalb an der R 328 Richtung Mossel Bay. 30 km nördlich, am Weg zu den Cango Caves kann man die **Cango Ostrich Farm,** Tel. 044/272 4623, www.cango ostrich.co.za, besuchen.

Fast dämonisch wirkt dieses verzierte Straußenei

Info

Oudtshoorn Tourist Bureau
Baron van Rheede/Voortrekker St.
Tel. 044/279 2532
www.oudtshoorn.com
Mo–Fr 8–17 Uhr, Sa 8–12 Uhr.

Hotels

■ **De Opstal**
Schoemanshoek Valley (12 km nördl. in Richtung Cango Caves)
Tel. 044/279 2954
www.deopstal.co.za
Landhausatmosphäre auf dem Gelände einer alten Farm, mit Pool. ●●

■ **Adley House**
209 Jan van Ribeeck Road
Tel. 044/272 4533
www.adleyhouse.co.za
Prächtiges Stadthaus aus der goldenen viktorianischen Zeit, 1905 während des Straußenfeder-Booms gebaut. 14 große Zimmer, zwei Pools im Garten, Dinner auf Wunsch. ●●

■ **Berluda**
Schoemanshoek Valley (14 km von Oudtshoorn Richtung Cangoo Valley)
Tel. 044/272 8518
www.berluda.co.za
Farmhaus wie aus dem Bilderbuch. Fünf Zimmer plus zwei Familienzimmer, schöner Garten. ●●

Restaurant

Godfather
61 Voortrekker Str.
Tel. 044/272 5404
Straußen-Steaks, Pasta und Meeresfrüchte. ●●

8 **Cango Caves 10

Die einzigartigen Tropfsteinhöhlen haben sich in Jahrmillionen zu einem Kunstwerk aus Kalkstein entwickelt. Von den drei bisher entdeckten Höhlensystemen ist nur eines für Touristen zugänglich. Die großen »Hallen« im vorderen Teil der Höhle sind leicht zu erreichen, im hinteren Teil wird die Luft immer dünner und die Gänge werden immer schmaler. Führungen entweder in Form einer Standard-Tour (1 Std.) 9–16 Uhr oder Abenteuer-Tour (1,5 Std.) 9.30–15.30 Uhr, www.cangocaves.co.za.

**Swartberg Pass 11 und Prince Albert 12

In Serpentinen schlängelt sich die Straße durch die schroffen Swartberge, sie ist nicht vollständig asphaltiert. Nach 25 km erreicht die gute Piste den **Swartberg Pass** (1585 m), der 1888 eröffnet wurde. **Diese Strecke zählt zu den spektakulärsten im Land.** Echt gut

In eine andere Welt versetzt fühlt man sich in der grünen Oase **Prince Albert.** In dem charmanten Städtchen mit historischen Häusern laufen noch Hühner und Gänse auf der Straße herum, Aussteiger genießen die ruhige Atmosphäre.

De Bergkant Lodge
5 Church Street
Prince Albert
Tel. 023/ 541 1088
www.debergkant.co.za
Historisches Gebäude im kapholländischen Stil: acht große Zimmer mit Riesenbädern, Pool und Wellnessservice. Außerdem zwei Gartenhäuschen. ●●

Café Albert
Church Street
Tel. 023/541 1175
Treffpunkt für Touristen und Locals, mit Frühstück, Snacks, Eis und hausgemachten Kuchen. Mo geschl. ●

Ausflug zum *Karoo National Park 🔢

Rund 160 km nordöstlich von Prince Albert schützt der Karoo National Park eine teils wilde Berglandschaft samt der typischen Tier- und Pflanzenwelt der Halbwüste. Die grasigen Ebenen und bizarren Tafelberge sind Heimat von Springböcken, Kudus, Wildkatzen, Bergzebras und Spitzmaulnashörnern. Unterkunft findet man im Restcamp mit Chalets und Campingplatz (www.sanparks.org).

Graaff-Reinet 🔢

Cornelis Jacob van der Graaf, einer der letzten Gouverneure der Holländisch-Ostindischen Gesellschaft, gründete 1786 die Stadt. Ihre rund 250 restaurierten Häuser im kapholländischen oder viktorianischen Stil und die neugotische **Groote Keerk** prägen das Stadtbild. Das **Reinet House** zeigt Alltagsgegenstände aus dem 18. und 19. Jh.

Gleich hinter Graaf-Reinet beginnt der **Camdeboo National Park.** Auf dem vegetationsarmen, trockenen Hochplateau der Großen Karoo wurden u.a. die seltenen Bergzebras wieder heimisch. Im Westen öffnet sich das **Valley of Desolation**, eingerahmt von eindrucksvollen Felsformationen.

Bizarre Erosion:
Valley of Desolation

Hotel

Villa Reinet
83 Summerset Street
Tel. 049/892 5525
www.villareinet.co.za
Geräumige Zimmer in einem alten
Haus, neue Cottages im Garten,
sympathische Besitzer. ●●

Restaurant

Kliphuis
46 Bourke Street][Tel. 049/892 2345
Gemütliches Gästehaus und Restaurant in einem historischen Gebäude,
schöner begrünter Hinterhof, super
Frühstück zum fairen Preis! ●

Mountain Zebra National Park **15**

Nahe des hübschen alten Städt-
chens Cradock biegt man zum
Mountain Zebra-Nationalpark in
schöner Berglandschaft ab. Er beherbergt etwa 300 der seltenen
Bergzebras. Dieses unterscheidet
sich von seinen Artgenossen der
ostafrikanischen Savanne durch
eine kleinere Statur, eine rotbrau-
ne Nase, einen weißen Bauch und
das Fehlen von Schattenstreifen.
Überaus lohnend ist eine Wanderung durch den Park.

Hotel

Die Tuishuise
36 Market St.][Cradock
Tel. 048/881 1322
www.tuishuise.co.za.
Ensemble aus 25 restaurierten Cottages an der Market Street mit Veranden,
Holzdielen, Möbeln aus dem frühen
19. Jh., Kamin und Gärten. ●●

*Grahams-town **16**

Mit einer stattlichen Anzahl schöner Gebäude aus viktorianischer
Zeit und nicht weniger als 40 Kirchen wartet Grahamstown auf.
Das Tor der ehemaligen **Drostdy**,
der Residenz des holländischen
Landvogts, schmückt jetzt den
Eingang zur Rhodes-Universität.
Die Gegend war einst ein umstrit-
tenes Siedlungsgebiet und Schau-
platz etlicher Auseinandersetzun-
gen zwischen den weißen Siedlern
und den einheimischen Xhosa.

Port Alfred **17**

Der Ferienort an der Sunshine
Coast ist wegen der langen Sandstrände beliebt. Schwimmen, Tauchen und Angeln stehen hier an
der Tagesordnung.

Hotel

The Halyards Hotel
Alfred Marina][**Port Alfred**
Tel. 046/604 3300
www.riverhotels.co.za/halyards
Gehobenes Niveau, schöne Architektur
und nautischer Look. ●●

East London/ Buffalo City **18**

Die Stadt (250 000 Einw.) besitzt
an der Mündung des Buffalo
River den einzigen Flusshafen des
Landes. Im **East London Muse-
um,** Oxford St., sind vor allem die
Sammlungen zu Seefahrtsge-

schichte und Meeresbiologie interessant (Mo–Fr 9.30–16, Sa 10–13, So 10–15 Uhr). Am Ende der Fleet Street beginnt die Küstenstraße Esplanade mit Hotels, Restaurants und Stränden. Im **Aquarium** (tgl. 9–17 Uhr) kann man Brillenpinguinen zuschauen; um 11.30 und 15.30 Uhr zeigen Seehunde ihre Künste. Gegenüber erhebt sich das **German Settler's Memorial** zur Erinnerung an die Besiedlung durch deutsche Söldner in den 1850er-Jahren.

Nahe East London liegen zahlreiche schöne Sandstrände, z.B. ***Nahoon Beach/Bacon Bay** 5 km nördlich oder **Shelly Beach** 5 km südlich. Flutlicht beleuchtet abends den <mark>Eastern Beach.</mark>

Info

Tourism Buffalo City
91 Western Ave.][**Tel. 043/721 1346**
www.tourismbuffalocity.co.za
Mo–Fr 8–16.30 Uhr.

Hotel

Garden Court East London
John Baillie/Moore St.
Tel. 043/722 7260
www.southernsun.com
Gutes großes Hotel, nur 50 m vom Eastern Beach entfernt. ●●

Kei Mouth 🔟

Der kleine Ort an der Mündung des Kei River markiert das Ende der Wild Coast ❯ S. 105. Über den Fluss pendelt bei ausreichendem Wasserstand eine Ponton-Fähre. Lange Strände locken viele Badeurlauber nach Kei Mouth.

Hotel

Trennerys
wenig nördlich in Qolora Mouth
www.trennerys.co.za
Von den Chalets mit zwei Zimmern bieten einige Meerblick; die Anlage ist kinderfreundlich hat einen Pool und eine tolle Lage nahe des Strandes.

●●—●●●

Die interessantesten Festivals

■ Das **Cape Town International Jazz Festival** ist im März/April nicht nur eine feste Größe im südafrikanischen Musikkalender. Auch international steht das Festival in Kapstadt ❯ 46 bei Besuchern und Künstlern ganz oben auf der Agenda.
www.capetownjazzfest.com

■ Im Juni/Juli, zum Ende der südafrikanischen Sommersaison, bietet das **National Arts Festival** in Grahamstown ❯ 84 noch einmal für Tausende von Besuchern eine breite Palette von Musik-, Theater-, Tanz- und Filmvorführungen.
www.nafest.co.za

■ Auch in Hermanus ❯ 65, dem Zentrum der Walroute, locken im September Musik, Theater und kunsthandwerkliche Vorführungen beim **Whale of a festival** die Besucher massenhaft an.
www.whalefestival.co.za

■ »Kreef« steht in Afrikaans für Crayfish und »fees« kann sowohl Festival als auch Festmahl bedeuten. Beides bietet das **Kreeffees** im März in Lambert's Bay ❯ 70 mit viel Musik, Tanz und Wein.
www.kreefees.com

Der Osten

Nicht verpassen!

- Sich auf nächtliche Wildpirsch im Itala Game Reserve begeben
- Mit der »St. Lucia« auf dem Mpate River schippern
- Sich in Durbans Wasser- und Freizeitpark uShaka Marine World amüsieren
- Zu Fuß oder zu Pferd die Wild Coast erkunden
- In einer typischen Zulu-Rundhütte übernachten

Zur Orientierung

Der Osten hat eine unglaublich große Vielfalt an Kultur- und Naturerlebnissen zu bieten. So ballen sich in Johannesburg Museen, Theater, Galerien und Jazzlokale. Dank Videoüberwachung und mehr Polizeipräsenz hat sich die Sicherheitslage in der Stadt verbessert. Nehmen Sie dennoch keine Wertsachen mit und benutzen sie bei Dunkelheit ein Taxi.

Weiter östlich, in den Provinzen KwaZulu-Natal und Eastern Cape, liegen die schönsten und spektakulärsten Wildparke Südafrikas: das Itala Game Reserve oder das Hluhluwe-Umfolozi Game Reserve, in dem man neben den »Big Five« mehr Nashörner als in irgendeinem anderen Park Südafrikas sehen kann.

Gut erschlossen für Besucher, aber nicht so bebaut wie die Küste nördlich und südlich von Durban, sind die am Indischen Ozean gelegenen Orte Sodwana Bay und St. Lucia. Hier ist der iSimangaliso Wetland Park, ein Feuchtgebiet mit einmaligem Artenreichtum, ein absoluter Höhepunkt.

Die Hafenstadt Durban/eThekwini sowie ihre Nord- und Südküste sind besonders bei Einheimischen ein beliebtes Urlaubsziel. Dank zahlreicher Hainetze gesichert lockt überall ein Bad in den warmen Fluten des Indischen

Ozeans. Einsamer geht es in Port St. John's und Coffee Bay an der Wild Coast zu, hier sind Angler und Hochseefischer richtig.

Von der bewegten Vergangenheit des Zululands zeugen die vielen Schlachtfelder auf der Battlefield Route nahe Dundee. Aufregende Gebirgslandschaften warten im uKhahlamba-Drakensbergpark an der Grenze zum Königreich Lesotho auf Wanderer und Naturliebhaber.

Touren in der Region

Land der Zulu

━⑪━ **Johannesburg ›
Itala Game Reserve › Hluhluwe-Umfolozi Game Reserve ›
iSimangaliso Wetland Park ›
St. Lucia › Battlefield Route ›
Pietermaritzburg › Weenen
Nature Reserve › Johannesburg**

Dauer und Länge: 7 Tage (mit Johannesburg 9 Tage), ca. 1600 km
Praktische Hinweise: Für die Rundfahrt nehmen Sie einen Mietwagen. Achten Sie in den Wildschutzgebieten auf die Öffnungszeiten der Tore, oft werden die Entfernungen unterschätzt. Malaria-Prophylaxe ist meistens erforderlich.

Absolut spektakuläre Bergwelt im Royal Natal National Park

Steht einem nach zwei Tagen im hektischen **Johannesburg** › S. 91 der Sinn nach Ruhe und hügelig-schöner Landschaft, steuert man am besten gleich in Richtung Süd-osten das ***Itala Game Reserve** › S. 108 an. Unmittelbar danach folgt ein weiteres Highlight, das ****Hluhluwe-Umfolozi Game Reserve** › S. 108 mit seinen vielen Nashörnern. Einzigartig ist die dschungelähnliche Tropenland-schaft des ****iSimangaliso Wet-land Parks** › S. 107. In **St. Lucia** starten Flussfahrten in das herrli-che Seensystem mit Krokodilen, Flusspferden und Flamingos; ein Paradies für Angler sind die Strände von ***Cape Vidal**. In allen Parks und Reservaten lohnt sich eine Übernachtung. Entlang der **Battlefield Route** › S. 106 durch das Land der Zulu passiert man die bedeutendsten Schlachtfelder, Festungen und Gräber, die an die Kämpfe zwischen Zulu, Briten und Buren erinnern. Ausgespro-

⑪

Land der Zulu Johannesburg › Itala Game Reserve › Hluhluwe-Umfolozi Game Reserve › St. Lucia › Battlefield Route › Pietermaritzburg › Weenen Nature Reserve › Johannesburg

⑫

Zum »Barrier of the Spears« Johan-nesburg › Golden Gate National Park › Royal Natal National Park › Cathedral Peak › Giant's Castle Game Reserve › Johannesburg

⑬

Von Durban zur Wild Coast Durban › Port Shepstone › Port St. John's › Coffee Bay › Umtata › Oribi Gorge Nature Reserve › Durban

Der Osten

0   100 km

chen britisches Flair versprüht die Stadt ***Pietermaritzburg/Msunduzi** › S. 101. Eine letzte Übernachtung in der Region bietet sich im ***Weenen Nature Reserve** › S. 100 an, um noch einmal Wildtiere aus der Nähe zu beobachten.

Zum »Barrier of the Spears«

 Johannesburg › **Golden Gate N. P.** › **Royal Natal N. P.** › **Cathedral Peak** › **Giant's Castle Game Reserve** › **Johannesburg**

Dauer und Länge: 5 Tage, ca. 1300 km

Praktische Hinweise: Die Anfahrten per Mietwagen zu den Parks in den Drakensbergen dauern in der Regel länger, als der Blick auf die Karte vermuten lässt. Bei schlechtem Wetter vorab beim Automobilclub (Tel. 083/ 843 22, www.aasa.co.za) Erkundigungen zum Zustand der Pisten einholen. Übernachtungen in den Bergen sollten Sie im Voraus buchen.

Die Drakensberge werden auch als Barrier of the Spears (Wall der erhobenen Speere) bezeichnet: Bis knapp 3500 m ragen die Gipfel in den Himmel, und die extremer Verwitterung schuf tiefe Spalten und Schluchten in den steilen Hängen. Die bizarre Bergwelt steht heute in Reservaten unter Schutz, zahlreiche Wanderwege erschließen die herrliche Landschaft. Von der N 3, die

Johannesburg › S. 91 mit Durban verbindet, führen immer wieder Stichstraßen zu den einzelnen Naturreservaten im nördlichen, zentralen und südlichen Teil der uKhahlamba-Drakensberge. Planen Sie in jedem Park mindestens eine Übernachtung ein.

Den nördlichen Auftakt der Tour bildet der ***Golden Gate National Park** › S. 98, der seinen Namen von den in der Sonne golden glänzenden Sandsteinfelsen erhielt. Der ***Royal Natal National Park** › S. 99 besticht mit einer 5 km langen, steil abfallenden Basaltwand, dem ****Amphitheater**. Im ****Giant's Castle Game Reserve** › S. 99 nutzen Sie mindestens eine der vielen Wandermöglichkeiten zu Höhlen mit über 5000 Zeichnungen der San.

Von Durban zur Wild Coast

⑬ Durban › **Port Shep-stone** › **Port St. John's** › **Coffee Bay** › **Umtata** › ***Oribi Gorge Nature Reserve** › **Durban**

Dauer und Länge: 5 Tage, ca. 850 km

Praktische Hinweise: Die gut ausgebaute N 2 ermöglicht schnelle Fahrt per Mietwagen von Durban nach Port Edward. Auf der alten Küstenstraße braucht man wesentlich länger. An der Wild Coast gilt: Kurven, Hügel, Löcher in und Vieh auf den Straßen verlängern die Fahrtzeiten erheblich.

Die an der Nataler Bucht gelegene Hafenstadt *Durban › S. 101 ist nicht nur bei Südafrika-Besuchern ein beliebter Zwischenstopp. Auch bei Einheimischen steht die Millionenstadt am warmen Indischen Ozeans dank des subtropischen Klimas für einen Badeurlaub das ganze Jahr über hoch im Kurs. Zu Weihnachten vergnügen sich indische und schwarzafrikanische Familien an der »Golden Mile«, Durbans 6 km lange Amüsier- und Hotel-Meile.

An der dicht besiedelten **South Coast** zwischen Durban und Port Edward reiht sich ein Urlaubsort an den anderen, hier mangelt es nicht an Übernachtungsmöglichkeiten. Ein starker Kontrast dazu ist das bislang kaum erschlossene Gebiet der ehemaligen Transkei mit der **Wild Coast** › S. 105. Schlagartig ändert sich mit der Provinzgrenze das Landschaftsbild, auch kulturell gibt es neue Facetten Südafrikas zu entdecken. Rundhütten der hier lebenden Xhosa dominieren die Hügelland-schaft bis zum Horizont. Lange Stichstraßen führen zur Felsen-küste am oft stürmischen Ozean. **Port St. John's** › S. 105 und **Coffee Bay** › S. 106 eignen sich gut für einen Aufenthalt zum Wandern oder Angeln. Einen Halt sollte man auch in **Umtata** › S. 106 einplanen, um das Nelson Mandela Museum zu besichtigen. Von dort werden Führungen in den Heimatort des ehemaligen Präsidenten angeboten. Eine angenehme Übernachtungsmöglichkeit ist das Hotel beim schönen ***Oribi Gorge Nature Reserve** › S. 105.

Wichtige Adresse

Alle Unterkünfte in den staatlichen Parks sind über **Ezemvelo KZN Wildlife** zu buchen:
Tel. 033/845 1000,
tradedesk@kznwildlife.com,
www.kznwildlife.com

Unterwegs in Johannesburg ❶

Noch liegt die sommerliche Hitze des späten Dezembertags in den Straßenschluchten von Johannesburg, aber schon wirkt die City wie ausgestorben. Dabei ist gerade ein ganz normaler, hektischer Arbeitstag im Manhattan Südafrikas zu Ende gegangen. Johannesburg ist eine Stadt der Pendler.

Im benachbarten Soweto leben rund 3 Mio. Schwarze – mehr als dreimal so viele Menschen wie im eigentlichen Johannesburg. Aktuelle Stadtentwicklungspläne gehen von einer Verdopplung der Einwohner bis 2020 aus … Der Großraum Johannesburg zählt heute etwa 8 Mio. Einwohner.

Melville und Sandton

In Johannesburg schlägt nicht nur das wirtschaftliche Herz Südafrikas. Hier gibt es auch die größte Zahl von Galerien und Museen; von hier gingen Theaterstücke um die Welt. Nachts herrscht in den Kneipen, Jazzlokalen und Restaurants der Seventh Street im Stadtteil **Melville** Hochbetrieb.

Im Großraum Johannesburg leben auch wirtschaftlich besser gestellte Schwarze; junge Leute und Intellektuelle aller Hautfarben übten sich hier schon in Zeiten strenger Apartheid in Zusammenarbeit und Freundschaft. In den letzten Jahren haben sich viele Firmen und Hotels an der innerstädtischen Peripherie angesiedelt. Das nördlich gelegene Viertel **Sandton** mit seinen Villen, Büros, Kaufhäusern, Kneipen und Hotels liegt direkt neben der riesigen Township Alexandra.

Echt gut!

Angesagte Kunstadressen

■ Die **Absa Gallery** in Johannesburgs Innenstadt organisiert monatliche Ausstellungen auch von jungen südafrikanischen Künstlern (**161 Main St., Mo–Fr 9.30–15.30 Uhr**).

■ In der **Standard Bank Art Gallery** in Johannesburg wird traditionelles Kunsthandwerk gemischt mit Werken zeitgenössischer südafrikanischer und internationaler Künstler (**Simmonds St./Frederick St., Mo–Fr 8–16.30, Sa 9–13 Uhr**).

■ Die bereits 1966 gegründete und etablierte **Goodman Gallery** in Johannesburgs grünem Stadtteil Parkwood ist richtungsweisend für zeitgenössische Kunst in Südafrika (**163 Jan Smuts Ave., Mo–Fr 9.30–17-30, Sa 9.30–16 Uhr**).

■ Das Mekka der Kunstfreunde in Kapstadt ist die Church Street. Hier liegt auch **The Cape Gallery,** die das gesamte Spektrum der Kap-Kunst von idyllischer Landschaftsmalerei bis zur grellen Kunst der Townships präsentiert (**Mo–Fr 9.30 bis 17 Uhr, Sa 10–14 Uhr**). › S. 46

Carlton Center und Joubert Park

Einen höchst eindrucksvollen Blick auf die Stadt bietet ***Top of Africa Ⓐ**, der 50. Stock des Carlton Center, mit 220 m Höhe das höchste Gebäude Afrikas. **An klaren Tagen reicht der Blick bis zu den Magaliesbergen.** (Tgl. 8 bis 19 Uhr, Tel. 011/308 2876.)

Echt gut

Im schönen Joubert Park liegt die 1910 gegründete ***Johannesburg Art Gallery Ⓑ**. Im sorgsam renovierten Gebäude sind Gemälde und Plastiken südafrikanischer, britischer, niederländischer und französischer Künstler ausgestellt, u.a. Werke von Cézanne, van Gogh, Monet, Picasso und Renoir. Im Skulpturengarten stehen auch Arbeiten von Rodin. (Di–So 10 bis 17 Uhr; Tel. 011/725 3130.)

Zwischen *Diagonal Street und MuseumAfrica

Die **Diagonal Street Ⓒ** durchbricht als einzige Straße die Schachbrettstruktur der Innen-

De-Beers-Verwaltungsgebäude
(Architekt: Helmut Jahn) erkenn-
bar. Einen Kontrast dazu bildet
der nahe **KwaZulu Muti Shop**
samt Museum (Nr. 14a, Mo–Fr
7.30–17, Sa bis 13 Uhr) mit Kräu-
tern und anderen Heilmitteln der
Zulu.

1976 gründeten der schwarze
Autor Athol Fugard und der weiße Theaterexperte Barney Simon
das ***Market Theatre** Ⓓ in der
Brée Street. Das Haus in der alten
Markthalle war bald schon viel
mehr als nur der erfolgreiche Ver-
such, Weiße und Schwarze auf
den drei Bühnen und im Zu-
schauerraum zu versammeln.
Proteststücke gegen die Apartheid
gingen nach London und New
York – so die Musicals »Sarafina!«
und »Woza Albert!« von Mbon-
geni Ngema. Samstags (9–16 Uhr)
findet hier ein Flohmarkt mit tra-
ditionellem Kunsthandwerk statt
(www.markettheatre.co.za).

Neben dem Market Theatre
zieht im alten Obst- und Gemüse-

Der Sitz des De-Beers-Konzerns

markt das **MuseumAfrica** Ⓔ mit
interessanten Dauer- und Sonderausstellungen zur Kulturgeschich-
te Südafrikas Besucher an (Di–So
9–17 Uhr, Tel. 011/833 5624).

*Origins Centre Ⓕ

Diese neuere Topattraktion der
Stadt präsentiert anschaulich die
Geschichte der Menschheitsent-
wicklung in Südafrika und die

Auf Gold gebaut

Der Australier George Harrison entdeckte 1886 Gold und setzte damit den
folgenschwersten Wirtschaftsboom des Kontinents in Gang. Schon Mitte der
1890er-Jahre lebten über 50 000 Europäer meist britischer Herkunft in Johannesburg, das buchstäblich auf Gold gebaut ist. Unter der City erstrecken
sich Minengänge von über 12 km Länge, Abraumhalden prägen das Stadtbild. In der Industrieone am Witwatersrand arbeiten rund 400 000 Menschen
– davon ein Drittel unter Tage – in etwa 20 Goldminen. Das leicht erreichba-
re Gold ist ausgebeutet, heute wird in Tiefen von 2000–4000 m gearbeitet –
damit sind die südafrikanischen Minen die tiefsten der Welt. Aufgrund veral-
teter Anlagen ging in den letzten Jahren die Förderung zurück; über 130 000
Minenarbeiter verloren ihren Job. Und je tiefer man graben muss, desto teurer und gefährlicher wird es, das Gold ans Tageslicht zu befördern.

Geschichte der San. Fred und Fang, zwei lebensgroße Dinosaurier, sind die Stars der paläontologischen Abteilung (Yale/Enoch Santanga St., Witwatersrand University, Braamfontein, Mo–So 9–17 Uhr, www.origins.org.za).

⚠️ Johannesburg ist keine Stadt für gemütliche Spaziergänge. Die **Kriminalitätsrate** ist wegen der schlechten Lebensverhältnisse besonders in den Townships sehr hoch. Nehmen Sie stets ein Handy mit eingespeicherter Notrufnummer (Tel. 101 11) mit. Infos: www.joburg.org.za.

Info

Joburg Tourism
195 Jan Smuts Ave.][**Parktown North**
Tel. 011/214 0700][**www.gauteng.net**
www.joburgtourism.com

Verkehrsmittel

Zur Fußball-WM 2010 ging das **Bustransportsystem Rea Vaya** in Betrieb. Bisher verkehren Busse zwischen Ellis Park und Soweto und in einem Rundkurs durch die Innenstadt (www.rea vaya.org.za). Außerdem verbindet der moderne **Gautrain** (www.gautrain. co.za) Sandton mit dem O. R. Tambo Flughafen ﹥ S. 17 (Ausbau nach Pretoria bis Sommer 2011 geplant).

Hotels

■ Rosebank
3 Tyrwhitt Ave.][**Rosebank**
Tel. 011/448 3600
www.theresabank.co.za
Modernes großes Hotel mit Pool im Viertel nördlich des Zentrums, drei Gehminuten zur Einkaufsmall. ●●●

■ The Westcliff Hotel
67 Jan Smuts Ave.][**Westcliff**
Tel. 011/481 600
www.westcliff.co.za
Luxuriös, aber sehr gutes Preis-Leistungs-Verhältnis. Sicher, ruhige Lage am Zoo. ●●●

■ Das Landhaus
97 Runnymead Rd.
Chartwell/Sandton (N 1, Ausfahrt William Nicol, dann auf die R 552)
Tel. 011/460 0105
www.daslandhaussa.net.
Strohgedeckte, komfortable Rundbungalows am ländlichen Nordrand der Stadt. Pool, nette deutsche Besitzer. ●

■ Lesedi Cultural Village
Lanseria Road (25 km nordwestlich von Johannesburg an der R 512, Ausfahrt Randpark an der N1)
Tel. 012/205 1394][**www.lesedi.com**
In Miniaturdörfern der Zulu, Xhosa, Pedi, Ndebele und Basotho wohnen die Gäste mit im Haus ihrer Gastgeber. Fünf schön dekorierte Zimmer in traditionellen Hütten und Häusern. Reservierung erforderlich. ●●

Restaurants

■ Linger Longer
58 Wierda Road][**Wierda Valley**
Sandton][**Tel. 011/884 0465**
Ausgefallene, südafrikanische Küche, Sa mittag und So geschl. ●●●

■ Yum
26 Gleneagles Road
Greenside][**Tel. 011/486 1645**
Trendrestaurant mit abwechslungsreicher Küche und guter Weinauswahl. So abends, Mo geschl. ●●●

■ Gramadoelas
Brée Street][**Newton**
Tel. 011/ 838 6960
www.gramadoelas.co.za

Karte Seite 95

ht gut! Afrikanische Gerichte, auch **Wild und kapmalaiische Küche im Ambiente eines alten Farmhauses,** Mo mittags und So geschl. ●●

■ **Moyo**
Shop 5][High St.
Melrose Arch
Tel. 011/684 1477
www.moyo.co.za
ht gut! **Gute afrikanische Küche, stilvolle Einrichtung.** ●●

Shopping

■ Wer nicht nach Durban kommt, sollte in die **Oriental Plaza** zum Stöbern und Kaufen gehen – über 360 Geschäfte und der Duft des Orients **(Ecke Bree St./Main Road, Fordsburg, Mo–Fr 8.30–17, Sa bis 14.30 Uhr).**

■ In den modernen Shoppingcentern **Sandton Square (Maude/Fifths Street)** und **Mandela Square** im feinen Viertel **Sandton** wird man sicher fündig.

Nightlife

■ Performances sowie Liveshows stehen Do–So auf dem Programm in Johannesburgs Jazz-Adresse Nr. 1: dem **Kippies Jazz Club im Market Theatre Complex, Tel. 011/836 1805.**

■ Das **Horror Café** ist ein angesagter Treff z.B. für Kwaito **(Newtown, 15 Miriam Makeba St., Tel. 011/ 838 6560).**

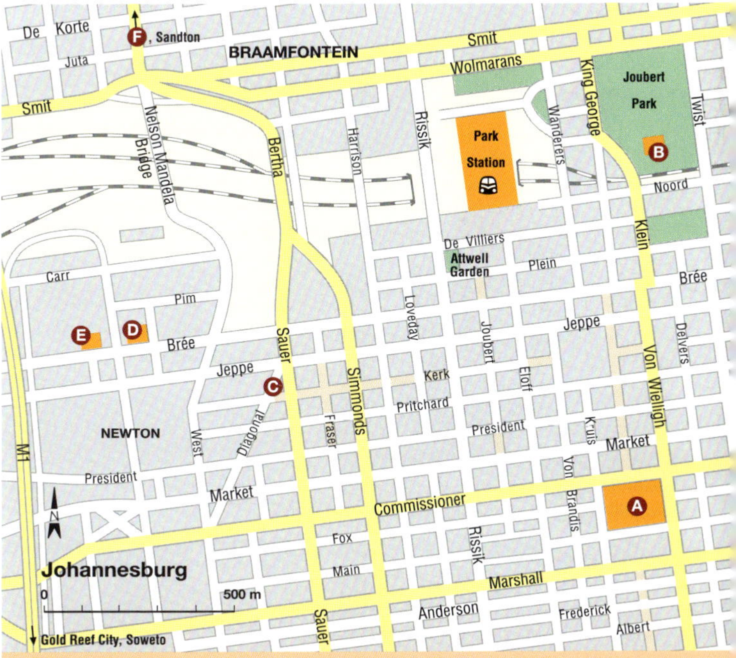

Ⓐ Top of Africa
Ⓑ Johannesburg Art Gallery
Ⓒ Diagonal Street
Ⓓ Market Theatre
Ⓔ MuseumAfrica
Ⓕ Origins Centre

Ausflüge

*Gold Reef City

Diese rekonstruierte Goldgräber-siedlung liegt 7 km südlich des Zentrums an der N1, Ausfahrt Xavier Street. Heute ein Vergnügungspark, wird hier 200 m unter Tage die Minenarbeit erklärt und das Gießen eines Goldbarrens demonstriert. Auf einer unterhaltsamen Rundfahrt per Eisenbahn oder Kutsche passiert man u.a. das Feuerwehrgebäude und ein Theater. Rasante Achterbahnen, Musik- und Tanzgruppen sorgen für Abwechslung. Minenbesuch mehrmals tgl.; Di–So 9.30–17 Uhr; Tel. 011/248 6800, www.goldreef city.co.za.

Im Nelson-Mandela-Museum in Soweto

*Apartheidmuseum

Die anschauliche multimediale Aufbereitung der Geschichte des Landes zu Apartheidzeiten beeindruckt und ist sehr empfehlenswert. Lassen Sie viel Zeit für den Besuch! (Di–So 10–17 Uhr, Tel. 011/309 4700, www.apartheid museum.org)

*Soweto

In den South Western Townships, rund 20 km südwestlich von Johannesburg, leben drei bis vier Millionen Schwarze. Man kann die Megastadt mit ihren sozialen Kontrasten im Rahmen geführter Touren besichtigen, von individuellen Touren ist abzuraten.

Die Studentenproteste gegen die Rassentrennung thematisiert das **Hektor Pieterson Museum** in Orlando West (8267 Khumalo St., Mo–Fr 10–17, Sa, So 10–16.30 Uhr, Tel. 011/536 0611). Politisch Verfolgte Gegner der Apartheid fanden Schutz in der großen katholischen **Regina Mundi Church** (1149 Khumalo St., Moroka, Tel. 011/986 2546). 2009 wurde das **Mandela House** in Orlando West wiedereröffnet. Dort lebten früher Winnie und Nelson Mandela (8115 Vilakazi St., Tel. 011/936 7754, www.mandelahouse.co.za, Mo-Fr 9–17, Sa, So 9.30–16 Uhr).

Soweto-Touren

Interessante Besichtigungen organisieren **Jimmy's Face to Face Tours,** Tel. 011/331 6109, www.face2face.co. za und **KDR Sports & Adventure Travel,** Tel. 011/886 1822, www.soweto.co.za

Vuvuzelas, Bafana Bafana und Soccer City

Die Bilder bleiben in Erinnerung und vielleicht halten die ohrenbetäubenden Vuvuzelas auch Einzug in europäische Stadien – Südafrika erntet viel Lob als Gastgeber der 19. WM vom 11. Juni bis 11. Juli 2010. Sogar Nelson Mandela kam vor dem Finalspiel ins größte und komplett umgebaute Fußballstadion Afrikas, Soccer City in Johannesburg. Zwar hatte Südafrikas Nationalmannschaft die Vorrunde nicht überstanden, doch auch ohne Bafana Bafana feierten schwarze und weiße Südafrikaner gemeinsam ihre große Fußballparty.

Skeptiker und Pessimisten gab es im Vorfeld reichlich, aber das Land hat sie widerlegt. Alle Spielstätten waren überpünktlich fertiggestellt, die Infrastruktur war verbessert worden und Fans aus aller Welt konnten sich weitgehend sicher fühlen, gleich ob in Pretoria/Tshwane, in Nelson Mandela Bay/Port Elizabeth und Durban oder in den anderen Austragungsorten.

Südafrikas Image hat durch das ungetrübte Weltfußballfest gewonnen, ob dies auch für wirtschaftliche Aspekte gilt, bezweifeln viele. Die Touristenzahlen blieben deutlich hinter den Erwartungen zurück, der Verkauf der Tickets kam erst sehr spät in Schwung. Südafrikanische Ökonomen schätzten das zusätzliche Wirtschaftswachstum aufgrund der WM auf +0,1 bis +0,7 %. Seit die großen WM-Maßnahmen abgeschlossen sind, haben rund 64 0000 Bauarbeiter ihren Job verloren, und bereits während der vier Turnierwochen gab es große Streiks, neue sind zu erwarten. Literatur-Nobelpreisträgerin Nadine Gordimer mahnte, darauf zu achten, dass die Freude über die gelungene Weltmeisterschaft nicht von dem ablenke, was wirklich wichtig sei: das Wohlergehen der Menschen im Land.

Unterwegs im Osten

*Golden Gate National Park 2

9 **Drakens-berge

In der bizarren Landschaft aus farbigen Sandsteinfelsen nisten Kaffernadler und Bartgeier. Regen, Wind und Sonne formten aus den Sandsteinfelsen über Jahrhunderte hinweg bizarre Skulpturen, die in der Sonne golden leuchten – daher der Name des Parks. Wanderer und Reiter kommen hier auf ihre Kosten. Ihnen begegnen Zebras, Springböcke und andere Antilopenarten. Unterkünfte in Camps und die Wanderung auf dem **Rhebok Hiking Trail** (2 Tage) bucht man bei South African National Parks (www.sanparks.org › S. 23).

Der eindrucksvolle Gebirgszug aus Basaltgestein, der größtenteils zum **uKhahlamba-Drakensberg Park** erklärt wurde, erstreckt sich über fast 1000 km von der Limpopo-Provinz bis in die Provinz Eastern Cape. Mit über 3000 m hohen Bergen, tiefen Schluchten und wilden Wasserfällen bieten die Drachenberge, wie sie die ersten Voortrekker nannten, Wanderern und Naturfreunden herrliche Landschaftsimpressionen. In dieser faszinierenden Bergwelt haben die San zudem etliche Felszeichnungen hinterlassen. (www.drakensberg.org.za)

Die Felszeichnungen der San sind bis zu 10 000 Jahre alt

*Royal Natal National Park 🄌

Schon von Weitem ist das rund 1000 m senkrecht abfallende **Amphitheatre** zu erkennen. Die 8 km breite halbmondförmige Basaltwand flankieren die Berge Sentinel (3165 m) und Eastern Buttress (3047 m). In riesigen Kaskaden stürzt der Wasserfall *Tugela über die Steilwand 850 m in eine Schlucht; im südafrikanischen Winter verkümmert der Wasserfall jedoch zum Rinnsal. Zur Tugela-Schlucht unterhalb des Wasserfalls führt eine reizvolle Tageswanderung (ca. 5 Std. hin und zurück, Badesachen mitnehmen).

Die Hütten und Chalets des **Tendele Camp** sind oft ausgebucht (Reservierung unter www.kznwildlife.com).

Berglandschaft im Giant's Castle Game Reserve

Hotel

Orion Mont-aux-Sources
Tel. 036/438 8000
www.orion-hotels.co.za
Schöne Anlage am Hang mit Traumblick auf die Bergwelt, Pool, Wanderungen und Ausritte. ●●

*Cathedral Peak 🄍

Von Bergville führt eine Stichstraße zum Naturschutzgebiet. Hier stehen viele Wandermöglichkeiten zur Auswahl, z.B. eine Tagestour in die *Ndedema Gorge. Unter Dutzenden von Überhängen sind über 2000 größtenteils stark verwitterte Felszeichnungen der San zu entdecken. Eine hervorragende thematische Einführung bietet das **Didima Rock**

Art Centre (tgl. 8–13, 14–16 Uhr) unterhalb des **Didima Camp** mit Luxus-Chalets sowie Campingplatz, Restaurant und Barbetrieb (Buchung www.kznwildlife.com).

Hotel

Cathedral Peak
Tel. 036/488 1888
www.cathedralpeak.co.za
Weitläufige Anlage mit Vitalzentrum, Zimmern in Gartenhäuschen, Hochzeitssuite etc. in grandioser Landschaft. ●●

**Giant's Castle Game Reserve 🄎

Im Park, 65 km südwestlich von Estcourt, kann man in aufregender Hochgebirgslandschaft herrliche Wanderungen unternehmen, so auf dem 40 km langen **Giant's**

Castle Two Huts Hike und bekommt dabei Elenantilopen zu Gesicht. Neben Raubvögeln nistet hier auch der seltene Bartgeier. In der nahen **Main Cave** sind Felszeichnungen der San zu sehen (Führungen).

Die Chalets und das Restaurant des **Giant's Castle Camp** liegen in traumhafter Umgebung (Reservierung www.kznwildlife.com).

Info

Drakensberg Tourism
Bergville
Tel. 036/448 1557
www.drakensberg.org.za

Ausflug zum Sani Pass 6

Vom Giant's Castle Game Reserve geht es über Pisten zunächst nach **Himeville** und **Underberg**, wo es einige Gästehäuser und Touranbieter gibt. Die letzten 14 Serpentinen des Sani Pass hinauf ins Königreich Lesotho › S. 134 sind extrem steil, sie winden sich haarnadelförmig die schmale Schlucht hinauf (mit Pkw besser nicht fahren!). Ab der am Fuße des Passes gelegenen Grenzstation (Ausweis nicht vergessen!) ist eine Weiterfahrt nur mit 4x4 Geländewagen erlaubt. Es empfiehlt sich eine geführte Tour hinauf zum **Sani Top** (2873 m) und zum angeblich höchsten Pub Afrikas, dem **Sani Top Chalet,** eindrucksvoll überragt vom Thabana Ntlenyana (3482 m). Hier kann man schöne Wanderungen unternehmen. Packen Sie unbedingt warme Sachen ein, es kann auch mal schneien!

Hotels

■ **Sani Pass Hotel**
Sani Pass Road
11 km nördlich von Himeville
Tel. 033/702 1320
www.sanipasshotel.co.za
Auf dem Weg zum Sani Pass, guter Ausgangspunkt für eine Tour. Schöne Garden Cottages. ●●●

■ **The Himeville Arms**
5 km von Underberg Richtung Hineville][**Tel. 033/702 1305**
www.himevillehotel.co.za
Historisches Haus mit gutem Restaurant und lebhaftem Pub. Hier treffen sich die Farmer der Region am Wochenende. Charmante Zimmer. ●●

*Weenen Nature Reserve 7

Das 6500 ha große, landschaftlich sehr reizvolle Reservat 30 km östlich von Eastcourt beheimatet 40 Breitmaul- und elf Spitzmaulnashörner, jeweils 200 Kudus und Zebras, Giraffen und 30 weitere Säugetierarten. Bei geführten Touren kann man die Tiere aus der Nähe beobachten. Für eine Übernachtung stehen ein Campingplatz sowie ein Bungalow zur Verfügung (www.kznwildlife.com, Tel. 036/354 7013).

Hotel

Blue Haze Country Lodge
7 km von Estcourt in Richtung Giant's Castle Game Reserve
Tel. 036/352 5772
www.bluehaze.co.za
Riedgedeckte Bungalows mit Blick auf den Wagendrift-Stausee. ●●

*Pietermaritz-burg/Msunduzi 8

Die Stadt (ca. 500 000 Einw.) wur-de von den beiden Voortrekkern Pieter Retief und Gert Maritz nach der Schlacht am Blood River gegründet und später von den Briten zur Verwaltungshauptstadt ausgebaut, was das Stadtbild präg-te. Zudem bauten Inder Tempel und bringen mit ihren Saris und Gewürzmärkten Farbe ins Stra-ßenbild. Schön sind auch die vie-len Parks mit Blumengärten.

Zwischen **Moses Manhida Road** und **Church Street** erstreckt sich eine Fußgängerzone. Vor dem 1893 errichteten **Rathaus** ruft jeden Samstag der »Stadt-schreier« in historischer Kleidung die Nachrichten aus. Nördlich des Rathauses lohnt der reich verzier-te **Sri-Siva-Soobramoniar-Tem-pel** einen Abstecher. Weitere At-traktionen sind das **Old Colonial Building** (Church St.), das **Voort-rekker Museum** (Bloom St., Mo bis Fr 9–16, Sa 9–13 Uhr) sowie das **Natal Museum** mit acht naturgeschichtlichen und zehn kulturhistorischen Abteilungen (Jabu Ndlovu St., Mo–Fr 8.15 bis 16.30, Sa 9–16, So 10–15 Uhr, www.nmsa.org.za).

Info

■ **Pietermaritzburg Tourist Office**
Publicity House][177 Commercial Rd.
Tel. 033/345 1348
www.pmbtourism.co.za
Mo–Fr 8–17 Uhr, Sa–13 Uhr
■ www.msunduzi.gov.za

Hotel

Imperial Protea
224 Jabu Ndlovu St.
Tel. 033/342 6551
www.proteahotels.com
Großes Hotel mit nostalgischem Flair, schönen Zimmern und einem guten Restaurant. ●●

*Durban/ eThekwini 9

1835 erhielt der 12 Jahre zuvor ge-gründete Ort den Namen des bri-tischen Gouverneurs d'Urban, aber erst 1935 den Status einer Stadt. Ab 1855 brachte man indi-sche Arbeitskräfte für die Zucker-rohrplantagen hierher – bis 1875 über 30 000. Heute zählt Durban

Die neuen Namen?

Eine erste größere Namensände-rung gab es 2002 in den Provinzen Limpopo und Mpumalanga. Für den Umbenennungsprozess, der auch Straßen- und Gebäudenamen umfasst, gilt ein komplexes Verfah-ren, das allen Beteiligten ein Mit-spracherecht einräumt – was bei-spielsweise in Pretoria im Herbst 2008 zu Handgreiflichkeiten führte … In Msunduzi zahlten die Bürger 350 000 Rand für 224 neue Schil-der, die alten entfernte man nach sechs Monaten. Auf ihrer Website, auch der des Tourist Offices, be-hält die Stadtverwaltung bislang die alten Straßennamen bei. Die Verwirrung im Land wird so schnell nicht enden.

Vergnügungsmeile Marina Parade
(O. R. Tambo Parade)

mehr als eine halbe Million Inder, bei einer Gesamtbevölkerung von 3 Mio.

In der City

Kern der Innenstadt Durbans ist der mit Denkmälern geschmückte **Francis Farewell Square** Ⓐ – benannt nach einem der englischen Händler, die hier 1823 ihre ersten Camps aufbauten.

Vor der Kulisse moderner Hochhäuser wirkt die 1910 fertig gestellte **City Hall** Ⓑ noch immer imposant – über der Kopie der Stadthalle von Belfast wölbt sich eine 52 m hohe Kuppel. Den Bau nutzt Südafrikas zweitgrößtes Kunstmuseum, die *Durban Art

Gallery,** in der afrikanische und klassische englische Gemälde, aber auch Kunsthandwerk zu bewundern sind (Mo–Sa 8.30–16, S0 10–16 Uhr). Ebenfalls in der City Hall befindet sich das **Natural Science Museum** (Mo bis Sa 8.30–16, So 11–16 Uhr).

Zentrum der darstellenden Künste in KwaZulu-Natal ist das *Playhouse Theatre** Ⓒ mit fünf Bühnen. Die Architektur imponiert mit einer seltenen Mischung aus englischem Tudor und maurischem Stil (Tel. 031/369 9555, www.playhousecompany.com).

Neben der riesigen **Jumah Mosque** Ⓓ gibt es in den Hallen des Victoria Street Market Fisch und Gemüse plus viel Ramsch und Kitsch zu kaufen (Mo–Sa 6–17, So 10–15 Uhr).

Beach Front/ Golden Mile

Die O. R. Tambo Parade am Indischen Ozean ist mit Hotelhochhäusern und Wasserparks die Flanier- und Amüsiermeile von Durban. Der 6 km lange Sandstrand wird »Golden Mile« genannt. Am Nordstrand liegen die schönen **Amphitheatre Gardens** Ⓔ mit subtropischen Blumen, kleinen Teichen, einem Schlangenpark und Minitown, in der bekannte Gebäude der Stadt im Kleinformat zu bestaunen sind.

Im Süden lockt der Wasserpark uShaka Marine World Ⓕ mit seinen riesigen Aquarien, Delfin- und Haibecken. Auch beim Schnorcheln oder Tauchen kann man die Tiere beobachten oder sich beim Surfen vergnügen. (1 Bell St., Point, Tel. 031/328 8000, www.ushakamarineworld.co.za, tgl. 9–17 Uhr.)

⚠️ Nachts sollte man sich nicht zu Fuß an der Golden Mile aufhalten, auch tagsüber dort nie allein unterwegs sein.

Info

Durban Tourist Junction
Old Station Building, 1. St.
160 Pine St.
Tel. 031/304 4934
www.durban.gov.za
www.durbanexperience.co.za
Mo–Fr 8–16.30 Uhr, Sa 9–14 Uhr

Hotels

■ Quarters
101 Florida Road
Tel. 031/303 5246
www.quarters.co.za.
Stilvolle Herberge: Vier prächtige Häuser aus dem 19. Jh. wurden restauriert und modern eingerichtet – mit einem Hauch von Afrika. ●●●

■ Garden Court Marine Parade
167 O. R. Tambo (ex Marina) Parade
Tel. 031/337 3341
www.southernsun.com
Hotel im Art-déco-Stil mit 30 Etagen direkt am Indischen Ozean. ●●

■ The Palms
53, 12th Ave][Tel. 031/303 2956
www.thepalms.co.za

A Francis Farewell Square
B City Hall
C Playhouse Theatre
D Jumah Mosque
E Amphitheatre Gardens
F uShaka Marine World

Komfortables Gästehaus in der Nähe des »Quarters« mit Fernblick. ●●

Restaurants

■ **Saagries**
im Garden Court Marina Parade
> oben][Tel. 031/332 7922
Sehr guter Inder mit opulenter Dekora-

Echt gut! tion, besonders zu empfehlen ist das Krabben- oder Langusten-Curry. Tgl. ab 18.30 Uhr. ●●

■ **Famous Fish Company**
3–9 King's Battery][Point
Tel. 031/368 1060
Herrliche Fisch- und Fleischgerichte, direkt am Hafen. ●●

■ **Roma Revolving Restaurant**
Victoria Embankment
John Ross House
Tel. 031/368 2275
www.roma.co.za
Drehrestaurant im 32. Stockwerk mit italienischer Küche und Blick auf Stadt und Hafen. So geschl. ●

Shopping

■ Eine große Auswahl an Sport-artikeln/-kleidung, Souvenirs und Kunsthandwerk bieten die zahlreichen Geschäfte im **Village Walk** in der uShaka Marine World (tgl. 9–17 Uhr).

■ Viele Geschäfte und Restaurants gibt es im **Workshop,** Ecke Commercial Rd./Samora Machel St.

■ Das **African Art Center** (94 Florida Road, www.afriart.org.za) bietet afrikanische Kunst, Stoffe und Schmuck.

■ Auch die Läden im attraktiven **BAT Centre** (45 Maritime Place, Tel. 031/332 0451, www.batcentre.co.za) bieten eine gute Auswahl an landestypischem Kunsthandwerk.

Ausflug an die Nordküste

Der Küstenabschnitt der **Dolphin Coast** nördlich von Durban ist ruhiger als die Südküste. **Blythale Beach** gleich hinter **Stanger/Dukuza** z.B. hat schöne Strände, die nicht mit Fastfoodbuden zugepflastert sind. Das Grab und ein Denkmal erinnern hier an von König Shakas letzten Wohnort.

Die Hai-Polizei in Aktion

Seit Steven Spielbergs Klassiker »Der Weiße Hai« gilt das 8 m lange Tier mit den rasiermesserscharfen Zähnen als Killer, der auch in Strandnähe nach Beute sucht. Doch ist das Tier weit weniger gefährlich als sein Image. Er gehört zu einer von rund 100 Haiarten, die vor der Küste Natals identifiziert wurden. In den 1950er-Jahren kam es bei Schwimmern zu Dutzenden von Attacken, oft mit tödlichem Ausgang. 1964 wurden eine Hai-Polizei gegründet und Hainetze auf mittlerweile 45 km Länge vor der Küste bei Durban gespannt. Diese Strände sind heute vollkommen sicher.

Das interessante **Natal Sharks Board** befindet sich 15 km nördlich von Durban an der M12 in Umhlanga. (Herrwood Drive, Tel. 031/566 0400, Mo–Fr 8–16 Uhr; Multimediashow Di–Do 9 und 14 Uhr, So 14 Uhr, www.shark.co.za.

Ausstellungen über Shakas Leben sowie zur Zulukultur zeigt das Dukuza Museum. Jedes Jahr treffen sich in Stanger Tausende Zulu an Shakas Todestag, dem 22. September.

Durbans Südküste

Bis Amanzimtoti wird die Küste als **Sunshine Coast** bezeichnet, danach beginnt die **Hibiscus Coast,** die im 120 km entfernten **Port Edward** endet. 4 km nördlich von **Scottburgh** – bei Surfern und Schwimmern sehr beliebt – ist die Krokodilfarm Crocworld (tgl. 8–16.30 Uhr, Fütterung 11 und 15 Uhr, www.crocworld.co.za) mit über 2000 Nilkrokodilen die größte der Welt. **Margate** ist das touristische Zentrum der Hibiscus Coast.

Hotel

Cutty Sark
Old Main Road
Scottburgh
Tel. 039/976 1230
www.cuttysark.co.za
Beliebtes familiäres Hotel am Strand, Panoramarestaurant, Abendshows. ●●

Von **Port Shepstone** 🔟 lohnt eine Fahrt zum *Oribi Gorge Nature Reserve** mit seiner bis zu 400 m tiefen Schlucht. Wanderwege erschließen die reizvolle Gegend. Im Reservat leben verschiedene Antilopen- und Affenarten sowie Leoparden (Infos: www.kznwildlife.com).

Hotel

Oribi Gorge Hotel
beim Nature Reserve, 11 km von Port Shepstone entfernt][**Tel. 039/687 0253**
www.orobigorge.co.za
Beliebt für Wochenendausflüge, großes Angebot an Aktivitäten (Wildwasserfahrten, Abseilen, Wanderungen etc.), gutes Restaurant. ●●

Die Wild Coast

Port St. John's 🔟

In dem ehemaligen kleinen Hafenstädchen Port St. John's verkehrt heute nur noch eine Fähre über den Umzimvubu River. Hinter der Ortsmitte gelangt man zum ersten von insgesamt drei Stränden, Angler und Windsurfer finden hier gute Bedingungen. Der **Second Beach** ist bewacht, an dem dritten und einsamsten liegt das **Silaka Nature Reserve,** das v.a. Küstenwald schützt (zu buchen über das Eastern Cape Tourism Board, www.ectourism.co.za, Tel. 043/701 9600).

Die ungezähmte wilde Küste ist ein Paradies für Wanderer.
Von Port Edward bis Coffee Bay verläuft der mehr als 200 km lange **Wild Coast Hiking Trail,** einer der berühmtesten Fernwanderwege Südafrikas. Amadiba Trails ist eine gute Adresse für organisierte Touren zu Pferd und zu Fuß (www.amadibaadventures.co.za).

Unterkunft

■ **Cremorne Estate**
Ferry Point Road, 5 km außerhalb von Port St. John's][**Tel. 047/564 1110**
www.cremorne.co.za

Gemütliche Holzhütten mit Frühstück, Cottages für Selbstversorger. ●●

■ **Mbotyi River Lodge**
26 km außerhalb von Port St. John's
Tel. 082/674 1064][www.mbotyi.co.za
Recht große Lodge, die völlig einsam und wunderschön an der Wild Coast liegt. Viele Hütten mit Veranda und Meerblick. ●●

Coffee Bay 12

Geprägt wird der scheinbar wild zusammengewürfelt Ort Coffee Bay von einer lebhaften Backpacker-Gemeinde, die an alte Hippie-Zeiten denken lässt. Bei den Einheimischen ist das **Ocean View Hotel** inmitten üppiger Vegetation direkt hinter dem Strand nach wie vor eines der beliebtesten an der Wild Coast.

Auf einer insgesamt 6 Std. langen Wanderung geht es oberhalb des Ortes zur Felsformation **Hole in the Wall,** dem markantesten Punkt an der Wild Coast.

Hotel

Ocean View Hotel
Tel. 047/575 2005
www.oceanview.co.za
Viele Zimmer mit Meerblick, gutes Restaurant, organisierte Touren. ●●

Umtata 13

Das Zentrum der Region hat genau einen Besuchsgrund: das **Nelson Mandela Museum** (Nelson Mandela Drive, Mo–Fr 9–16 Uhr, Sa 9–12.30 Uhr). Es ist dem Leben Mandelas gewidmet, basierend auf seiner Biografie »Long walk to Freedom«. Von hier wer-

den auch geführte Touren zu seinem Geburtsort Mvezo 67 km südl. von Umtata organisiert. Kurz nach dem Abzweig von der N 2 nach Mvezo liegt in dem Xhosa-Dorf Qunu das **Nelson Mandela Youth & Heritage Centre,** hier wuchs Nelson Mandela auf.

Battlefield Route

Eshowe 14 und Umgebung

In der ältesten Stadt des Zululandes mit schönen Häusern aus britischer Zeit ist das Fort Nongqai mit einem Museum zur Geschichte der Zulu sehenswert (tgl. 7.30 bis 16 Uhr). Hier liegen einige der historischen Schlachtfelder, Festungen, Gräber und Gedenktafeln, mit denen die Battlefield Route gesäumt ist.

Im 14 km entfernten Zuludorf *Shakaland wurde der Film »Shaka Zulu« (1985) über den mächtigen König Shaka gedreht. ==Jetzt bieten hier 55 traditionelle Hütten komfortable Nachtruhe,== täglich Veranstaltungsprogramm ab 11 Uhr (Protea Hotel Shakaland, Tel. 035/460 0912, www. shakaland.com, ●●).

Dundee 15 und Umgebung

Der Ort war 1899 ein wichtiger Stützpunkt für die Briten im Krieg mit den Buren. Das **Talana Museum** (Mo–Fr 8–16.30 Uhr; Sa–So 9–16.30 Uhr, www.talana.co.za) am Stadtrand von Dundee vermittelt Hintergrundinformationen zu den Kriegen zwischen Briten und Zulu, Zulu und Buren sowie Briten und Buren.

Auf der R 33 geht es zum ***Blood River Monument** rund 50 km östlich von Dundee. In der weiten Landschaft stehen 64 bronzene Ochsenwagen in Form einer Wagenburg, die an den 16. Dezember 1838 erinnern. Damals wurden 464 Voortrekker unter Andries Pretorius von 10 000 Zulu angegriffen; ein Drittel der Angreifer starb im Kugelhagel der Buren, die einen historisch bedeutenden Sieg davontrugen. Gegenüber verdeutlicht das **Ncome Museum** die Perspektive der Zulu und erweitert so die Sichtweise auf das Geschehen von damals (tgl. 8–16.30 Uhr).

Ulundi 16 und Umgebung

Bis 1994 war Ulundi (22 000 Einw.) die Hauptstadt des Homeland KwaZulu, heute ist es gemeinsam mit Pietermaritzburg Provinzhauptstadt. Das Parlamentsgebäude und der moderne Flughafen wirken in der weiten Landschaft recht skurril. Beeindruckend ist das ***KwaZulu Cultural Museum** in Ondini mit dem nachgebauten Kraal des Zulukönigs Cetshwayo (Mo–Fr 8–16 Uhr, Sa/So 9 bis 16 Uhr).

Hotel

Garden Court Ulundi
Princess Magogo Street
Tel. 035/870 1012
www.southernsun.com

Im Zuludorf Shakaland

Großes, modernes Haus mit Restaurant und Pool, im Bungalowstil. ●●

10 ***iSimangaliso Wetland Park 17

Der viel besuchte Park (vormals Greater St. Lucia Wetland Park) gehört zum UNESCO-Weltnaturerbe (www.isimangaliso.com). Besonders schön und urwüchsig ist der südliche Teil – ein Feuchtgebiet mit Mangrovensümpfen und ursprünglichem Küstenurwald. Um ein System von Seen hinter der sandigen Küstennehrung am Indischen Ozean existieren fünf verschiedene Ökosysteme – entsprechend groß ist die Vielfalt der

Flora und Fauna. Etwa 40 000 Flamingos und über 3000 weiße Pelikane brüten und leben im See, ebenso wie Krokodile und Nilpferde.

Das *Cape Vidal ist ein Paradies für Angler, hier kann man sich in netten Holzbungalows einquartieren (www.kznwildlife. com). Das angrenzende Meeresreservat bietet den Lederschildkröten Schutz. Die Korallenriffe vor der **Sodwana Bay** mit Sandstrand sind ein Dorado für Sporttaucher und Angler.

St. Lucia an der Mündung des St.-Lucia-Sees ins Meer ist ein schnell gewachsener, unattraktiver Ort mit Ferienhäusern, kleinen Hotels und Imbissläden. In der Nähe beherbergt das *St. Lucia Crocodile Center diverse Krokodilarten und erklärt das Verhalten der Echsen (Mo–Sa 9–22, So 10–21 Uhr). Ein Wanderweg (ca. 1,5 km) führt durch den Dünenwald an der Küste; im angrenzenden Tierpark gibt es Zebras, Impalas, Nilpferde etc. zu sehen. **Echt gut!** Dreimal täglich legt die »St. Lucia« am Mpate River zu einer 1,5-stündigen Fahrt auf dem See ab, dabei kann man Krokodile, Nilpferde und Wasservögel aus nächster Nähe beobachten (Tel. 035/590 1047).

Hotel

Santa Lucia Wetlands Guesthouse
20 Kingfisher St.][St. Lucia
Tel. 035/590 1098
www.stluciawetlands.com
Nette Unterkunft in tropischem Garten mit Pool. ●

Hluhluwe/ Umfolozi Game Reserve 18

Ein Netz von Autopisten erschließt das Reservat (gesprochen Schluschlue Umfolosi). Der erste Löwe wanderte 1958 aus Mosambik ein – heute sind es schon 60; Elefanten (heute: 170) wurden ebenfalls angesiedelt. **Echt gut** In der attraktiven hügeligen, von Flüssen durchzogenen Landschaft leben 1800 Breitmaulnashörner (von 6500 im ganzen Land) und dazu 300 seltene Spitzmaulnashörner (900 Tiere in Südafrika, 2500 in ganz Afrika). Die schönste Unterkunft ist das *Hilltop Camp mit komfortablen Chalets oder einfachen Rondavels für Selbstversorger und einem tollem Blick aufs Reservat. (Infos www.kznwildlife. com, Tel. 033/845 1000)

*Itala Game Reserve 19

Trotz wunderbarer hügeliger Landschaft mit tief eingeschnittenen Flusstälern und schönen Unterkünften wird das Reservat noch wenig besucht. Es beherbergt rund 160 Nashörner und viele andere Tiere, u.a. **Echt gut** Elefanten und Warzenschweine, die man in aller Ruhe beobachten kann – vor allem nachts ein besonderes Erlebnis. (Infos www.kznwildlife. com)

Blick in den Blyde River Canyon

Der Norden

Nicht verpassen!

- Bushwalk durch den Krüger-Nationalpark
- Spaziergang durch das Modjadji Nature Reserve im Land der Regenkönigin
- Ausritt durch die Lapalala Wilderness Aerea
- High Tea im »Palace Hotel« in der »Lost City«

Zur Orientierung

In nur wenigen Stunden erreicht man von Pretoria zwei der beliebtesten Attraktionen des Landes: die Panoramaroute mit dem beeindruckenden Blyde River Canyon und den Krüger-Nationalpark. Seit der Erweiterung um Naturschutzgebiete in Nachbarländern ist der Krügerpark der größte und wildreichste Wildpark ganz Afrikas. Private Wildschutzgebiete am Westrand des Parks verbinden ganz nach Wunsch und Geldbeutel Komfort und Luxus mit maßgeschneiderten Safaris.

Alte Kulturen werden im Norden wieder lebendig. An der Grenze zu Zimbabwe liegt rund um die Ausgrabungsstätten des einstigen Königreichs Mapungubwe eines der jüngsten Naturreservate des Landes. Mythen und Traditionen prägen das Leben der hier ansässigen VhaVenda. Im Land der Regenkönigin bei Tzaneen verlocken grüne Berglandschaften, kühle Seen und klare Bäche zu einer erholsamen Rast.

Malariafreie Wildparks mit den »Big Five« bietet die noch wenig entdeckte Region der imposanten Waterberge. Die ursprüngliche Natur kann man sehr gut im Mabulani Game Reserve oder im Marakele National Park genießen. Im wildreichen Pilanesberg National Park und in der angrenzenden Kasino-Stadt Sun City tummeln sich die Wochenendurlauber aus Johannesburg und Pretoria.

Touren in der Region

Vom Canyon in den Busch

⟨14⟩ Pretoria › Sabie › Blyde River Canyon › Krüger-Nationalpark › Tzaneen › Warmbaths › Pretoria

Dauer und Länge: 6 Tage, ca. 1370 km

Praktische Hinweise: Fernglas und Tierbestimmungsbuch für die Wildparks mitnehmen. Übernachtungen vorbuchen, Öffnungszeiten der Gates beachten sowie frühzeitig in einem Park ankommen, um eine Nachtfahrt (ab ca. 16/17 Uhr) mitmachen zu können. An Malariaprophylaxe und Mückenschutzmittel denken.

Wer morgens zeitig in ***Pretoria ›** S. 114 loskommt, kann noch die Wasserfälle rund um den Ort **Sabie ›** S. 117 anschauen und dann im Goldgräberstädtchen ****Pilgrim's Rest ›** S. 117 oder in der Nähe des ****Blyde River Canyon ›** S. 118 übernachten.

Der schönste Stopp an der ****Panoramaroute** in den Drakensbergen heißt **God's Window ›** S. 118 mit Blick in die Weiten des Lowvelds. Für den riesgen ****Krüger-Nationalpark ›** S. 119 sollte man sich mindestens zwei

Tage Zeit lassen, um in Ruhe die Tiere beobachten zu können.

Rund um **Tzaneen** › S. 124 erstrecken sich Tee- und Fruchtplantagen, im nahen **Modjadji Nature Reserve** › S. 124 im Land der Regenkönigin beeindrucken bis zu 12 m hohen Farnpalmen – ein idealer Punkt für eine weitere Übernachtung. Die warmen Quellen von **Warmbaths/Bela Bela** › S. 125 verlocken noch zu einem Aufenthalt, bevor es zurück nach Pretoria geht.

Eine Oryxantilope (Gemsbock)

Vom Krüger-National-park zum Limpopo

—⑮— Pretoria › Krüger-Nationalpark › Mapungubwe National Park › Pretoria

Dauer und Länge: 7 Tage, ca. 1900 km
Praktische Hinweise: Für den Krüger-Nationalpark › links. Im Venda-Land wegen schlechter Pisten besser eine geführte Tour buchen. South African Tourism › S. 139 informiert über die Situation bezüglich Cholerainfektionen.

Von Pretoria geht es auf der N4 direkt zum ****Krüger-National-park** › S. 119. Buchen Sie drei Nächte jeweils in einem anderen Camp, z.B. Lower Sabie im Süden und Olifants oder Letaba in der Mitte, so lernen Sie die unterschiedlichen Landschaften und Vegetationen in dem 350 km langen Park kennen. Im Norden bietet sich das historische Camp Punda Maria als letzte Station an,

bevor Sie den Park beim Pafuri Gate verlassen.

Im Zentrum von Venda-Land, in **Thohoyandou** › S. 121, geht es bunt und lebhaft zu, richtig afrikanisch. Hier steckt die touristische Infrastruktur noch in den Kinderschuhen. Die Ausgrabungsstätten des alten Königreichs **Mapungubwe** › S. 121 liegen im gleichnamigen Nationalpark im Dreiländereck von Südafrika, Zimbabwe und Botswana, wo sich direkt im Park auch Übernachtungsmöglichkeiten anbieten. Repliken der interessanten Funde sind heute im Cultural History Museum in Pretoria zu sehen.

Bei **Tzaneen** › S. 124 erreicht man das Land der Regenkönigin, eine idyllische Landschaft mit Obstplantagen, Wäldern, Seen und Flüssen, die wie geschaffen ist für einen längeren Aufenthalt. Zeit nehmen sollte man sich für den Besuch des Bakone-Malapa-Freilichtmuseums in **Pietersburg/Polokwane** › S. 125.

Malariafrei: Wildparks in den Waterbergen

 **Pretoria › Warmbaths/
Bela Bela › Mabulani Game
Reserve › Marakele National
Park › Pilanesberg National
Park › Sun City › Pretoria**

Dauer und Länge: 6 Tage,
ca. 850 km
Reisepraktische Hinweise:
Das Mabulani Game Reserve
ist ein privater Park für Selbst-
versorger, auch im Marakele
National Park gibt es keine
Verpflegung.Während der
Regenzeit von November bis
März können die Straßen
wegen Überflutung gesperrt
sein. Am einfachsten zu berei-
sen ist der Pilanesberg
National Park, hier sollten
Sie Unterkünfte rechtzeitig
reservieren.

Vom Canyon in den Busch
**Pretoria › Sabie › Blyde River Canyon ›
Krüger-Nationalpark › Tzaneen ›
Warmbaths/Bela Bela › Pretoria**

**Vom Krüger-Nationalpark
zum Limpopo**
**Pretoria › Krüger-Nationalpark ›
Mapungubwe National Park ›
Pretoria**

**Malariafrei: Wildparks
in den Waterbergen**
**Pretoria › Warmbaths/Bela Bela ›
Mabulani Game Reserve › Marakele
National Park › Pilanesberg National
Park › Sun City › Pretoria**

Die noch ursprünglichen Waterberge erreicht man am besten
über **Warmbaths/Bela Bela** ›
S. 125. Im malariafreien **Mabulani Game Reserve** › S. 126 hat
man verschiedene Optionen, Tiere live zu erleben: zu Fuß, mit
dem Pferd, mit dem Mountainbike oder bei einem Game drive
mit Führer. Zwei Übernachtungen sollte man sich in dem privaten Wildpark gönnen. Quer durch
das Waterberg-Massiv erreicht

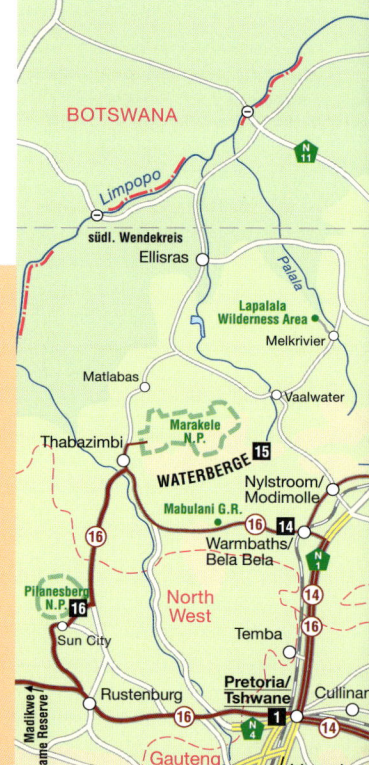

man den schön an einem Fluss gelegenen **Marakele National Park** › S. 126. Auch hier lassen sich die Tiere in aller Ruhe beobachten, deshalb bleibt man am besten ein oder zwei Nächte.

Weniger einsam, aber lohnend ist der ***Pilanesberg National Park** › S. 127 mit Camps aller Art. Mit etwas Glück sehen Sie hier die Big Five. Kontrastreiches Abendprogramm bietet die Kasino-Stadt **Sun City** › S. 127 nebenan.

Verkehrsmittel

Für die Touren in dieser Region bietet sich der Mietwagen an. So kann man am besten alle Sehenswürdigkeiten erreichen. Von Johannesburg kann man auch gleich zum Kruger Mpumalanga International Airport (KMI Airport, www.mceglobal.net) fliegen, knapp 50 km vom Krügerpark und 22 km von Nelspruit, dann weiter mit Mietwagen.

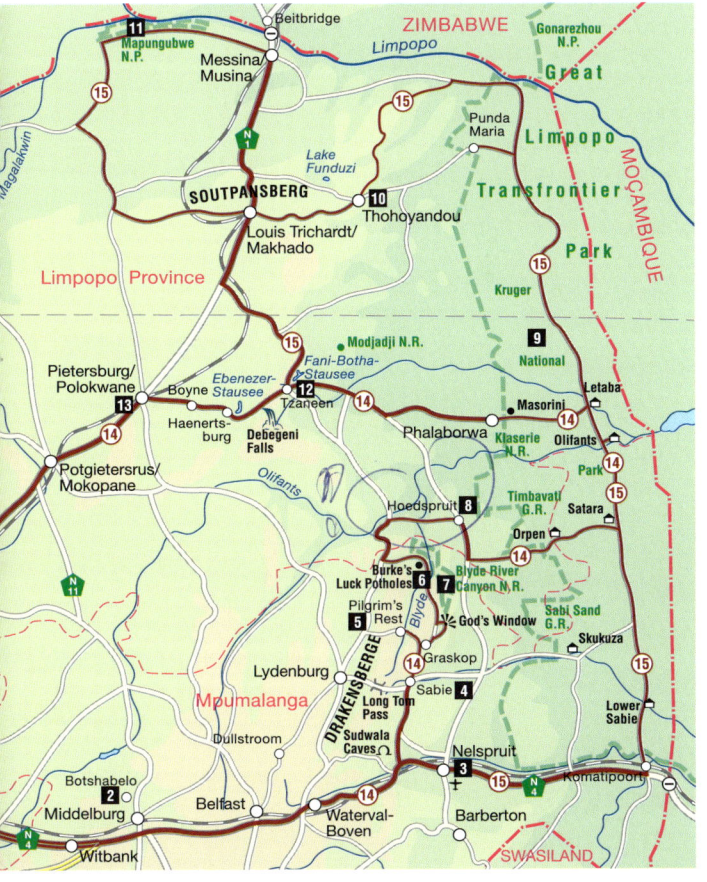

Unterwegs im Norden

*Pretoria/ Tshwane ◼

Die Hauptstadt Südafrikas liegt auf 1365 m Höhe, also etwa 400 m tiefer als die Nachbargroßstadt Johannesburg – deshalb ist das Klima hier im Winter milder. Im Oktober und November sind die Alleen der Innenstadt von einem malvenfarbenen **Blütenmeer der rund 60 000 Jakarandabäume** umrahmt.

Echt gut!

Die behäbig-konservative Stadt (ca. 2 Mio. Einw.) ist im Winter Sitz der Regierung, im Sommer gibt sie diese Position an Kapstadt

Union Buildings am Meintjeskop-Hügel

ab. Pretoria wurde 1855 vom Burengeneral Martinus Wessel Pretorius gegründet und ist heute ein Industriestandort sowie ein Bildungs- und Forschungszentrum. 2005 beschloss der Stadtrat den Namen Tshwane für die zukünftige Distriktverwaltung.

Ausgangspunkt für eine Rundtour durch die Stadt sind die ***Union Buildings,** die Regierungsgebäude am Meintjieskop-Hügel im Nordosten der Stadt. Sie gehören zu den architektonisch herausragenden öffentlichen Bauwerken des Landes. Auf dem Rasen vor dem 1913 fertig gestellten imposanten Sandsteinkomplex fand am 10. Mai 1994 die Vereidigung Nelson Mandelas zum Präsidenten Südafrikas statt. Von hier bietet sich ein schöner Blick auf Pretoria.

Die ***National Zoological Gardens,** eine der größten Zooanlagen des Kontinents, beherbergt auf 80 ha Parkgelände fast 130 Säugetier- und rund 160 Vogelarten sowie Fische und Reptilien (Paul Kruger St., tgl. 8.30 bis 17.30 Uhr; Fütterung der Seehunde tgl. um 11 und 15 Uhr, www.zoo.ac.za). Das **National Cultural History and Open Air Museum** neben dem Zoo vermittelt Einblicke in die prähistorische Felskunst und die Lebensweise der schwarzen Völker (tgl. 8–16 Uhr).

In der Mitte des **Church Square** steht eine lebensgroße **Bronze-**

figur von **Paul Kruger,** Premierminister des damaligen Transvaal ab 1883. Schöne Gebäude aus dem ausgehenden 19. Jh. umrahmen die Rasenflächen: der **Raadsaal** (ehemaliger Regierungssitz), der **Justizpalast,** das **Postamt** und die **Nationalbank.** Das Wohnhaus von Paul Kruger in der Kerk St., in dem der Premierminister 1884–1901 lebte, beherbergt seine Möbel sowie Dokumente aus dem Burenkrieg (Mo–Fr 8.30–17.30, Sa/So 8–17 Uhr).

Die **City Hall** in der Bosman Street kennzeichnet ein Uhrturm mit 32 Glocken. Vor dem Rathaus stehen die Statuen der Voortrekker Andries Pretorius und seines Sohnes Martinus Wessel, des Stadtgründers. Gegenüber beeindrucken im **Transvaal Museum** die einzigartige Ausstellung aller im Land vorkommenden Vogelarten, ebenso die archäologischen und geologischen Sammlungen (tgl. 8–16 Uhr).

Das **Melrose House** an der Jacob Maré Street zählt zu den schönsten Häusern Pretorias. Der wohlhabende Bürger George Heys ließ es 1866 im viktorianischen Stil erbauen, alle Materialien stammen aus England. Die Räume sind noch mit den Möbeln jener Zeit ausgestattet (Di–So 10 bis 17 Uhr).

Infos

Tshwane Tourism
Old Nederlandsche Bank Bldg.
Church Square][Tel. 012/358 1430
www.tshwanetourism.com
Mo–Fr 8–16.30 Uhr

Busverbindungen

Intercity-Busse ab Hauptbahnhof.
Vom Protea Hotel (Visagie/Van der Walt Sts.) Shuttlebus zum Oliver Tambo Internat. Airport › S. 17 (tgl. 6–22 Uhr).

Hotels

■ **Meintjieskop Guest House**
145 Eastwood St.][**Eastwood**
Tel. 012 342 0738
www.meiguest.co.za
Familiär geführtes Gästehaus mit 16 komfortablen Zimmern; Pool, gute Lage nahe der Union Buildings. ●●

■ **Sheraton Pretoria Hotel**
643 Church/Wessels Streets
Tel. 012/429 9999
www.sheraton.com
Großes Hotel nahe der City; mit Pool, Bar und zwei Restaurants, sehr komfortable, aber preiswerte Zimmer. ●●

Restaurants

■ **La Madeleine**
122 Priory Road][**Lynnwood Ridge**
Tel. 012/361 3667
www.lamadeleine.co.za
Exzellente französische Küche, gehört zu den Top Ten Südafrikas, So abends und Mo geschl. ●●●

■ **Café Riche**
Church Square][**Tel. 012/328 3173**
Eine Jugendstiloase inmitten der pulsierenden Stadt, tgl. 6–24 Uhr. ●

Ausflüge von Pretoria

*Voortrekker Monument

6 km südlich von Pretoria erhebt sich auf einem Hügel der düstere, 40 m hohe Quader aus Klinker-

steinen mit einem Relief, das 64 aus Granit gehauenen Ochsenwagen zeigt. Der Bau erinnert an den Großen Trek der Buren und ihre Schlacht gegen die Zulu am Blood River im Dezember 1838. 27 Marmorreliefs verherrlichen die Eroberung des Landes durch die Weißen (tgl., Mai–Aug. 8–17 Uhr, sonst bis 18 Uhr, www. voortrekkermon.org.za).

Premier Diamond Mine

Im hübschen viktorianischen Örtchen Cullinan, 35 km östlich von Pretoria, kann man die größte Diamantenmine Südafrikas besuchen. Die Fördergrube ist 600 m tief, 500 m breit und 1000 m lang. Es gibt Führungen über und unter Tage (die Besichtigung der Stollen sollten Sie mind. zwei Wochen im Voraus buchen, z.B. über www. diamondtourscullinan.co.za oder www.cullinanmeander.co.za).

Botshabelo ❷

Zwei deutsche Missionare gründeten 1865 dieses historische Dorf mit Kirche und Wohnhäusern, einer Mühle, einer Buchdruckerei,

Mega-Diamanten

Hier wurde im Jahr 1905 der mit 3106 Karat größte Diamant der Welt gefunden, man spaltete ihn in 106 Teile. Davon schmücken der »Große Stern von Afrika« (530 Karat) das Zepter und der »Kleine Stern von Afrika« die Krone der britischen Königin.

einer Schmiede – und einer Festung aus Bruchsteinen, die ebenfalls noch gut erhalten ist. Zum Museumsdorf gehört eine Schausiedlung der Ndebele mit den für sie typischen, bunt bemalten Häusern. Die Frauen verkaufen Perlenschmuck, den sie auch gern selbst tragen. Manchmal sieht man noch die schweren Wadenreifen aus Messing.

Mehrere Wanderwege führen durch das angrenzende **Natur reservat** mit Antilopen, Steppenzebras, Straußen und Pavianen.

Unterkunft

Preiswert übernachten kann man in Botshabelo **in historischen Häusern** oder auf dem **Campingplatz** (Tel. 013/245 9003, Fax 245 9000).

Nelspruit ❸ und Umgebung

In der Hauptstadt der Provinz Mpumalanga (230 000 Einw.) sind der **Botanische Garten am Crocodile River** und die 12 m hohen **Montrose Falls** Attraktionen. 41 km südlich von Nelspruit liegt *Barberton,* ein Goldgräberstädtchen aus dem Jahr 1884 mit einer der ältesten Börsen Südafrikas und interessanten Museen.

Über die R 37 nach Norden erreicht man die rund 240 Mio. Jahre alten *Sudwala Caves* mit schönen Tropfsteininformationen (tgl. 8.30–16.30 Uhr). Unterhalb der Höhlen wurde ein **Dinosaurierpark** mit lebensgroßen Modellen der Urtiere errichtet.

Panorama-route

Inmitten von Nadelwäldern liegt **Sabie** 4 mit der größten Papierfabrik Südafrikas und einem Holzmuseum. Von hier führt eine gute Stichstraße nach Westen zu den knapp 10 km entfernten ***Lone Creek Falls,** die sich als schmale Wassersäule 70 m tief in ein Becken ergießen.

Die R 37 biegt nach Westen in Richtung **Lydenburg** ab. Der Name »Ort des Leidens« stammt von dem damals mühsamen Leben der weißen Siedler. Die 45 km lange Strecke bietet schöne Ausblicke und folgt einer alten Voortrekker-Route über den **Long Tom Pass** – so benannt nach der 8 m langen Kanone, die gegen die Briten (»Tommies«) im zweiten Burenkrieg eingesetzt wurde. Die Passage namens Devil's Knuckles war für die Ochsenwagen damals besonders schwierig.

Nördlich von Sabie passiert man die ***Mac Mac Falls.** Deren klares Wasser sammelt sich in natürlichen Becken, die zu einem Bad einladen.

Die Ndebele tragen kunstvollen Perlenschmuck

steht unter Denkmalschutz. Eines der drei ehemaligen Camps außerhalb des Ortes wurde originalgetreu nachgebaut. Neben Geschäften und Kneipen gab es in Pilgrim's Rest auch eine Zeitungsredaktion, schon 1873 wurden die »Gold News« gedruckt. Acht Jahre später gab der Fluss kein Edelmetall mehr her und die Förderung wurde unter Tage fortgesetzt. Wer sich einmal wie ein Goldgräber fühlen möchte, sollte sich im **Diggings Museum** zum Goldwaschen einfinden.

Restaurant

Loggerhead Restaurant
Main Road][**Sabie**
Tel. 013/764 3341
Spezialität sind Forellengerichte. ●

Pilgrim's Rest 5

Die historische Goldgräbersiedlung mit ihrer Wildwestatmosphäre und den roten Dächern

Hotel

Royal Hotel
Tel. 013/768 1100][**Fax 013/768 1188**
Das charmante Haus hieß schon 1884 »Royal« und wurde stilgemäß renoviert. Mit Restaurant. ●●

Restaurant

Digger's Den
Tel. 013/768 1100
So nostalgisch wie das Royal. Serviert wird in Emaillepfannen und Eisentöpfen. Spezialität: »Royal Ribs«. ●●

Grandiose Aussicht von World's End in den Blyde River Canyon

*Burke's Luck Potholes 6

Hinter Graskop beginnt der schönste Teil der Panoramaroute. Auf einer 15 km langen Neben-straße östlich der Hauptroute bie-ten sich spektakuläre Aussichts-punkte, beispielsweise **God's Window** mit einem weitem Blick auf das 1000 m tiefer liegende **Lowveld.**

An der Hauptstraße passiert man zwei Wasserfälle: die Dop-pelkaskaden der 92 m hohen ***Lisbon Falls** und die ***Berlin Falls**.

Die ***Burke's Luck Potholes sind ein Wunderwerk der Fluss-erosion:** In Jahrmillionen haben in der Strömung rotierende Steine und Sand zylinderförmige Löcher aus dem rötlichen Fels geschliffen. Ein Mann namens Burke fand hier Gold auf seinem Grund-stück.

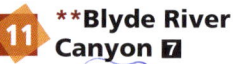 ****Blyde River Canyon 7

Die 26 km lange, rund 800 m tiefe Schlucht ist ein Höhepunkt der Panoramaroute, die unter Natur-schutz steht. Der faszinierendste Abschnitt sind die **Three Ronda-vels.** Diese gewaltigen, runden Felsen mit spitzer Abdachung wirken tatsächlich wie überdi-mensionale Rundhütten. **Aus-sichtspunkte wie *World's End** (im Forever Resort) und Wander-wege unterschiedlicher Länge er-schließen diesen beeindrucken-den Teil der Drakensberge.

Unterkunft

Forever Resort Blyde Canyon
Tel. 0861/22 6966
www.foreverblydecanyon.co.za
Großes Gelände mit preiswerten Cha-lets, Campingplatz, Jugendherberge, Restaurant, Supermarkt und Pool, an der schönsten Stelle des Canyons. ●

Hoedspruit 🄇 und Umgebung

Die Panoramaroute führt weiter nordwärts über den **Abel-Erasmus-Pass**, (1242 m), durch den **J.-G.-Strijdom-Tunnel** und eine Schlucht kurvenreich hinunter zum Lowveld. Wie eine riesige Mauer ragt die zerklüftete Kette der Drakensberge aus der Ebene. Die Temperaturunterschiede sind v.a. im Sommer beträchtlich. Bald nach dem Tunnel zweigt eine Straße nach **Hoedspruit** ab.

Unweit von hier beginnen zwei je 70 000 ha große private Wildschutzgebiete: **Klaserie** und **Timbavati**. Knapp 3 km nördlich von Klaserie sollte man das **Hoedspruit Endangered Species Center** (Tel. 015/793 1633, www.wildlifecentre.co.za, Voranmeldung erwünscht) mit derzeit 69 Geparden nicht versäumen. Das schnelle Säugetier bekommt man in der Wildnis kaum zu Gesicht. Daneben bieten private Camps westlich des Krüger-Nationalparks (z.B. das Sabi Sands Game Reserve, http://sabi.krugerpark.co.za) komfortable bis luxuriöse Unterkünfte und Pirschfahrten an.

Unterkunft

■ **Motswari Private Game Reserve**
im Timbavati Game Reserve
60 km östlich von Hoedspruit
Tel. 011/463 1990
www.motswari.co.za
cht gut! **Komfortzelte und Rundhütten in traumhafter Lage.** ●●●

■ **Gomo Gomo Game Logde**
im Timbavati Game Reserve
55 km östlich von Hoedspruit

Tel. 013/752 3954
www.gomogomo.co.za
Strohgedeckte Rund-Bungalows und Safarizelte – exklusiv, aber familienfreundlich und relativ preiswert. ●●

■ **Nkorho Bush Lodge**
Sabi Sands][Gowrie Gate
Tel. 013/735 5367][www.nkorho.com
Gepflegte Unterkunft im exklusiven Sabi Sand Private Game Reserve, trotzdem vernünftige Preise. ●●

12 **Krüger-Nationalpark 🄈**

Dank der Erweiterungen nach Mosambik und Simbabwe wuchs der weltberühmte Park mit dem neuen Namen **Great Limpopo Transfrontier Park** auf 36 000 km² an. Er ist Heimat von über 146 verschiedenen Säugetier- und 520 Vogelarten. In dieser »Arche Noah« leben auf südafrikanischer Seite zum Beispiel 2000 Löwen, 2200 Nashörner und 8500 Elefanten – mehr können es aus ökologischen Gründen nicht werden, denn immerhin vertilgt ein ausgewachsener Elefant 200 kg Grünzeug am Tag.

Mit 1 Mio. Besuchern pro Jahr ist die Belastungsgrenze erreicht. Während der Schulferien ❭ S. 139 ist der »Volkspark« überfüllt – Camper und Kleinbusse rollen über 1740 km Naturwege und auch abseits der 880 km langen Teerstraßen. Die Rastlager sind für diese Zeit schon Monate vorher ausgebucht; bei Übernachtung außerhalb sollte auch der Parkeintritt frühzeitig reserviert

Friedliches Nebeneinander im Krüger-Nationalpark

werden (über South African National Parks, ❯ S. 23).

Für Tagesbesucher stehen neben im Park neben teuren privaten Camps etliche preiswerte staatliche Rastlager oder Restcamps (Bungalows) mit rund 4000 Betten und Servicebereichen zur Verfügung, außerdem stationäre Zelte und Campingplätze. Zu den meisten Restcamps gehört ein Restaurant und häufig ein Supermarkt, z.T. auch eine Tankstelle. Für Selbstversorger gibt es kleinere Bushveldcamps.

Satara, *Olifants und Letaba

Im mittleren Teil des Nationalparks, bei **Orpen,** kann man die größten Elefantenherden, die meisten Raubkatzen sowie viele Büffel und Zebras beobachten. Akazien, Natal-Mahagoni- und Gurkenbäumen umgeben das Rastlager **Satara.**

Nach Norden hin wird der Bewuchs etwas lichter. Das Camp *Olifants besticht durch seine hervorragende Lage auf einem Hügel. Ab hier lohnt die Weiterfahrt auf guter Erdstraße entlang der Galeriewälder des Letaba-Flusses, wo viele Nilpferde leben und Elefanten zum Trinken hinkommen. Von der Aussichtsterrasse des schönen Rastlagers **Letaba** lassen sich die Tiere gut beobachten.

*Masorini, *Punda Maria und Thulamela

Masorini ist eine der bedeutendsten von über 300 im Park gelegenen Ausgrabungsstätten aus der Eisenzeit. Hütten und Vorratskammern sind an einem markanten, pyramidenförmigen Hügel nachgebaut worden. Mit Ankunft in *Punda Maria** erreicht man eines der ältesten und einsamsten Camps im Park. Auf dem Weg

Echt gut

zum 76 km weiter Richtung Norden liegenden **Pafuri Gate** zeigt die **Thulamela-Ausgrabungsstätte** eine Siedlung aus dem frühen 13. Jh., wo bereits Gold geschmolzen wurde.

Land der VhaVenda

Rund um **Thohoyandou** 🔟 liegt VhaVenda, einst das kleinste »unabhängige« Homeland. Die Venda leben noch in typischen Rundhütten und bewahren ihre Mythen und Riten.

Der **Big Tree**, ein Baobab mit stattlichen 47 m Umfang, ist 24 km östlich von Muswodi über eine Schotterpiste erreichbar. Der Besuch des **Lake Fundudzi** im Sacred Forest ist ohne offizielle Erlaubnis verboten. Der einzige natürliche Inlandsee Südafrikas bildet das Herz der Venda-Kultur.

Hotel

Tusk Venda Casino Hotel
Mpephu St.][**Thohoyandou**
Tel. 015/962 4600
Hotel mit Charme der 1980er-Jahre. Touren ins Venda-Land. ●

Mapungubwe National Park 🕚

Funde in den Ausgrabungsstätten rund um den **Mapungubwe Hill** im Dreiländereck Südafrika, Botswana und Zimbabwe belegen die Existenz eines bedeutenden Königreiches, das Handel bis nach Ägypten, Indien und China unterhielt. Repliken wie ein goldenes Nashorn mit Zepter und Kugel werden jetzt im **Cultural History Museum** in Pretoria ❯ S. 114 gezeigt. Buchungen für **Camp/Lodge** und Führungen zu den interessanten Fundstätten: Tel. 015/534 2014, www.sanparks.org.

Paul Krüger und der Naturschutz

1883 wurde Paulus Krüger – kurz Paul oder Ohm (Onkel) Krüger genannt – Präsident von Transvaal. Krügers Vorschlag zur Abschaffung des Jagdrechts löste allgemeines Entsetzen aus. Aber er gab nicht nach und ließ 1891 Elefanten und Nilpferde, zwei Jahre später Nashörner und Giraffen unter Jagdschutz stellen. »Für alle Zeiten« solle ein Gebiet vor dem Eingriff der Menschen bewahrt werden, befand Krüger 1898 und erklärte die Wildnis zwischen den Flüssen Sabie und Crocodile zum Schutzgebiet. 1926 wurde schließlich die Einrichtung des Krüger-Nationalparks im Parlament verabschiedet und ein Teil für Besucher freigegeben. Zehn Jahre später existierten bereits 1400 km Wege und mehrere Rastlager. Heute gilt der Krüger-Nationalpark als Modell für den schonenden Umgang mit der Natur, als das »grüne Klassenzimmer der Nation«. Dennoch: Die Wege des Wilds sind durch Straßen und Parkgrenzen zerschnitten, Menschen und Tiere durch Zäune voneinander getrennt.

Special

Abenteuer im Busch

In 22 Nationalparks und mehr als 400 Wildparks sowie mehreren Hundert privaten Naturschutzgebieten mit teilweise ausgefallenen Angeboten können Besucher die einzigartige Tierwelt Südafrikas beobachten und atemberaubende Landschaften kennen lernen. Die Unterkünfte rangieren von rustikalen, Stroh gedeckten Hütten und Campingplätzen bis hin zu luxuriösen Anlagen mit allem erdenklichen Komfort. Dank Webcams wird man schon zu Hause auf die Wildnis eingestimmt (www.africam.co.za).

Exklusiv und preiswert

Viele Luxus-Lodges in den privaten Game Reserves westlich des Krüger-Nationalparks sind sehr teuer, doch es gibt eine Alternative: Eine Übernachtung in der **Bongani Mountain Lodge** kostet mit Safari und Vollverpflegung etwa 150 € pro Person. Hier im Mthethomusha Game Reserve begegnet man den »Big Five«, vor allem Nashörnern und Büffeln. Die Safaris durchs Gelände können etwas rau sein, aber dadurch stellt sich ein Hauch von Abenteuer ein. Die Lodge am Berghang bietet eine wunderbare Aussicht und rustikal-komfortable Chalets im Ethno-Kolonial-Stil. Das Reservat liegt am südwestlichen Rand des Krügerparks. Info und Buchung Tel. 013/764 3577, www.bonganimountainlodge.co.za

Leben mit Elefanten

In der **Pongola Game Reserve** südlich von Swaziland sind neben rund 6000 Impalas und Antilopen, Büffeln und Zebras vor allem 40 Elefanten die Attraktion. Denn Pongola war leer gejagt, die Dickhäuter wurden erst vor einigen Jahren aus dem Krügerpark im-

portiert. Die deutschstämmige
Familie Kohrs plant noch viel
mehr: Ihre »Space for Elephants«
(Platz für Elefanten)-Stiftung
möchte alte Migrationspfade der
Tiere zu den Reservaten von Itala
und Mkuzi wieder öffnen und bis
2020 ein Biosphären-Reservat für
1000 Elefanten schaffen. Ihre
White Elephant Lodge mit wenigen stationären Groß-Zelten und

dem einstigen Farmhaus aus den
1920er-Jahren ist eine der schönsten des Landes. Preiswerter sind
die rustikale Buschlodge oder das
komfortable Hausboot. Es werden
auch »hautnahe« Jumbo-Safaris
zu Fuß organisiert.

Baden mit Delfinen

Im nördlichsten Teil des iSimangaliso Wetland Park ❭ S. 107 liegt
die bemerkenswerte **Kosi Bay Forest Lodge** mit luxuriösen, strohgedeckten Hütten. Schnorcheln
an der Flussmündung, Kanutou-
ren und Wanderungen urch den
einzigartigen Raffia-Wald sorgen
hier für Abwechslung. Sicher einzigartig ist die Begegnung mit den
verspielten Delfinen in den Küs-
tengewässern – sei es vom Boot
aus oder beim Schwimmen. Ein
beeindruckendes Schauspiel lässt
sich Mitte November bis Mitte Februar beobachten: Nachts kommen zur Brutsaison Meeresschildkröten an den Strand, um ihre
Eier abzulegen.

Felszeichnungen und Naturpools

Rund 270 km nördlich von Kapstadt liegt **Bushmans Kloof** in
den Cederbergen ❭ S. 68. Aus dem
einstigen Farmgelände der frühen
Siedler hat sich hier ein exklusives
Naturschutzgebiet entwickelt, bekannt als größte Freiluft-Galerie
der Welt: Besucher können mehr
als 125 historische Stätten mit
Felszeichnungen der San besichtigen.

Das luxuriöse Manor House
bietet stilvolle, komfortable Zimmer und Suiten. Neben der Beobachtung der vielfältigen Fauna
und Flora sind auch Bergwande-
rungen, Mountainbiketouren sowie Abseilen und Fischen möglich
– oder man entspannt bei einem
Freiluftbad in den natürlichen
Felsenpools.

■ **White Elephant Lodge**
Pongola Game Reserve
Tel. 034/413 2489
www.whiteelephantlodge.co.za
■ **Kosi Bay Forest Lodge**
Kosi Bay Nature Reserve
Tel. 035/474 1473
www.isibindiafrica.co.za
■ **Bushmans Kloof**
Tel. 021/481 1860
www.bushmanskloof.co.za
Alle ●●●

Echt gut! Besonders schön ist der **500 m lange »Treetop Walk«** 5 m über dem Boden zur Vogelbeobachtung am Limpopo.

Unterkunft

■ **Mopane Bush Lodge**
Im Mapesu Nature Reserve
40 km westl. von Messina
Tel. 015/534 7906
www.mopanebushlodge.co.za
Acht Zwei-Bett-Chalets in einem nachgebauten Kraal. Die große Wildfarm lässt sich gut mit dem Mountainbike erkunden. ●●

■ **Klein Bolayi**
20 km westl. von Messina
Tel. 015/534 0975
www.gamelodgebolayi.com
Die wunderschöne Lodge liegt neben dem markanten Bolayi-Felsen, einer früheren Opferstelle. Zehn Steinhäuser mit Reetdach bieten angenehme Kühle inmitten des schwülen Limpopo-Tals. ●●

Tzaneen ⑫ und Umgebung

Tzaneen (ca. 30 000 Einw.) ist das Zentrum eines bedeutenden Farmgebiets für tropische Früchte, Gemüse, Tee, Tabak und Nüsse. Auf der **Middelkop-Teeplantage** erfährt man bei einem Rundgang alles Wissenswerte über die verschiedenen Teesorten und ihre Verarbeitung. Anschließend testen die Besucher ein Tässchen Tee im Pehoe View Tea Garden mit Blick über die Teeplantagen (tgl. 10–17 Uhr, Tel. 015/305 4999).

Wenige Kilometer nördlich laden am **Tzaneen-Stausee** Picknickplätze zur Rast ein.

35 km nordöstlich wurde 1985 das **Modjadji Nature Reserve** eingerichtet, die **weltweit größte zusammenhängende Fläche mit Modjadji-Palmen.** **Echt gut** Diese bis zu 12 m hohen Farnpalmen gehören zu den ältesten Pflanzenarten der Welt. Wanderwege durchziehen das Reservat, in dem Kudus und Impalas leben.

Gleich nebenan liegt der Palast der 2005 verstorbenen **Regenkönigin Makobo Constance Modjadji VI.,** die nach dem Tod ihrer Mutter zwei Jahre zuvor zur bis dahin jüngsten Regentin gekrönt worden war. Die rechtmäßige Nachfolgerin ist die damals drei Monate alte Tochter.

Den Königinnen des Lobedu-Volkes wird Einfluss auf das Wettergeschehen Südafrikas nachgesagt. Tatsächlich herrschte eine Dürreperiode in der Zeit ohne Regentin. Zur Krönung fing es leicht an zu nieseln.

Hotel

Coach House
Agatha, bei Tzaneen
Tel. 015/306 8000
www.coachhouse.co.za
Besonders schönes Country-Hotel mit **Spa, Veranda und Kamin in jedem Zimmer** sowie exzellenter, auch vegetarischer Küche. ●●● **Echt gu**

Restaurant

Wheel Barrow Outdoor Café
Magoebaskloof Road][Tzaneen
Tel. 015/305 3039

Attraktiv gelegenes Café mit tropischem Garten, Gärtnerei und Geschenkboutique. Von Steaks bis Cakes wird alles geboten. ●●

Pietersburg/ Polokwane 13

125 Polokwane ist die Hauptstadt der Provinz Limpopo (ca. 140 000 Einw.). Das Peter Mokaba Stadium diente 2010 als WM-Spielstätte. Attraktionen der Stadt sind das **Polokwane Game Reserve** mit Breitmaulnashörnern, Säbelantilopen, Giraffen u.a. (Info unter Tel. 015/290 2331). Die Löwen auf dem Gelände des **Protea Hotel The Ranch** (25 km südl., Tel. 015/ 290 5000, www.theranch.co.za) agierten schon als Darsteller in diversen Filmen – hier kann man sogar mit ihnen spazieren gehen.

9 km südlich erfährt man im ***Bakone-Malapa-Freilichtmuseum** einiges über Lebensweise und Kunsthandwerk der hier lebenden Nord-Sotho (Mo 8–12.30, Di–Fr 8–17 Uhr).

Im Juni 2010 eröffnete das **Barnyard Theatre** auf dem Gelände von The Farmyard (Tel. 015/ 296 0216/7, www.thefarm yard.co.za). Hierher locken nicht nur Musicals und Theater sondern, auch das Restaurant mit erlesenen Weinen.

Info

Limpopo Tourism & Parks
Church/Ecke Grobler St.
Tel. 015/290 7300
www.golimpopo.com

Tee-Ernte bei Tzaneen

Warmbaths/ Bela Bela 14

Etwas abseits der N 1 sprudeln in Warmbaths stündlich über 20 000 Liter Wasser mit einer Temperatur von 53–62 °C aus einer Quelle. Das Wasser ist radioaktiv und soll rheumatische Krankheiten heilen – am besten gleich ausprobieren.

Zudem liegt der bei Südafrikanern beliebte Thermalort in einer fruchbaren Region mit durchschnittlich 286 Sonnentagen im Jahr.

Hotel

Forever Resorts Aventura Warmbaths
1 Chris Hani Drive][Bela Bela
Tel. 014/736 8500
www.foreverwarmbaths.co.za
Unterkunft in ordentlichen Hotelzimmern, Chalets oder größeren Blockhäusern, dazu Pool, Heilbäder, Wellness- und Sportangebote. Auch Kinder sind willkommen. ●●

Das Palace Hotel in Sun City wird seinem Namen gerecht

Waterberg-Region

Aufgrund seiner abgeschiedenen Lage konnte sich das bis auf 2000 m ansteigende **Waterberg-Massiv** 15 seine Ursprünglichkeit bewahren. Die Berge mit vulkanischem Ursprung sind reich an Chrom, Platin, Nickel, Eisen und Zinn, sodass sich eine lukrative Bergbauindustrie entwickelt hat.

In **Melkrivier** führt eine 4 km lange Piste zum Rhino und Waterberg Museum mit einer Ausstellung über die Bestände des schwarzen Nashorns und den ökologischen Verhältnissen im **Waterberg Biosphere Reserve**.

Die **Lapalala Wilderness Area** beheimatet rund 300 Vogelarten wie auch Antilopen, Giraffen, Leoparden und Nashörner. Die touristischen Aktivitäten sind momentan eingestellt (www.lapalala.com).

Im **Marakele National Park** streifen Elefanten, Nashörner und Leoparden durch die Berge, auffallend ist die überaus reiche Flora. Im schönen Tented Camp bietet sich von der Veranda der Zelte ein wunderbarer Blick auf die vorbeiziehenden Tiere (www.sanparks.org/parks/marakele).

Wildtiere und Vögel lassen sich im privaten **Mabulani Game Reserve** (50 km westl. von Warmbaths/Bela Bela) bei einer Fußsafari, einer Montainbiketour oder einem Ausritt beobachten. Mehrere Unterkünfte für Selbstversorger (www.mabulani.co.za).

Unterkunft

Waterberg Bushveld Retreat
zwischen Melkrivier und Vaalwater
Mobil-Tel. 083/460 2982
www.bushveldretreat.co.za
B&B mit Cottages und Zelten sowie kleinem Wellnesscenter und Pool. ●●

Restaurant

Walker's Wayside
Ou Melkrivier School][Melkrivier
Schön gelegenes Restaurant mit angeschlossenem Pub. Mo geschl. ●

Sun City/ *Pilanesberg National Park 16

In der Urlaubs-Retortenstadt 160 km westlich von Johannesburg mit Luxushotels, Kasinos, Golfplätzen und Veranstaltungen kommt bestimmt keine Langeweile auf (www.suncity.co.za).

Kombinieren lässt sich der Besuch mit einem Aufenthalt im nahen ***Pilanesberg-Nationalpark**, auch ein beliebtes Wochenendziel für Einheimische. Auf 50 000 ha im Krater eines erloschenen Vulkans leben u.a. die »Big Five«. Nilpferde räkeln sich in den Wasserlöchern, Giraffen bevölkern die weiten Ebenen, Antilopen und Zebras ziehen vorbei und über 300 Vogelarten schwirren durch die Luft. Mehrere Beobachtungspunkte wurden für Vogelfreunde eingerichtet. Für Übernachtungen stehen Unterkünfte aller Art zur Verfügung (www.pilanesberg-game-reserve.co.za).

Hotels

■ **The Palace**
Lost City][Sun City
Tel. 014/557 4301
www.suninternational.com
Luxushotel im Disneyland-Stil, prunkvolle Architektur, großer Park, riesiger Pool, Golfplatz. ●●●
■ **Tshukudu Lodge**
Pilanesberg National Park
Tel. 015/793 2476
www.tshukudulodge.co.za
Hübsche Chalets auf einem Hügel, Blick auf ein Wasserloch. ●●●

Madikwe Game Reserve

Das 76 000 ha umfassende, wildreiche Madikwe Game Reserve an der Grenze zu Botswana entstand zu Beginn der 1990er-Jahre aus zum großen Teil ungenutztem Farmland. Mit der Operation »Phönix« kamen ein paar Jahre später die ersten Wildtiere – heute sind es um die 13 000 – in den Park, darunter Breit- und Spitzmaulnashörner, Wildhunde, Antilopen, Büffel, Elefanten und Geparden sowie die »Big Five«. An Vögeln wurden nicht weniger als 350 Arten gesichtet. Das private Reservat empfiehlt sich nicht zuletzt damit, dass es malariafrei ist.

Die Anreise erfolgt von Rustenberg auf der N4 Richtung Westen nach Zeerust, dann weiter auf der R49 nach Norden zur Parkgrenze nach 85 km.

Unterkunft

■ Das einfache **Mosetlha Bush Camp** bietet Vollpension, Jeep- und Fußsafaris. Max. 16 Gäste. **Tel. 011/444 9345,** **www.thebushcamp.com.** ●●
■ Die **Madikwe Safari Lodge** gehört zur privaten, ökologisch orientierten Andbeyond-Gruppe. Wunderschöne Hütten um ein Wasserloch, Tierbeobachtung von der Veranda möglich. **Tel. 011/809 4300,** **www.ccafrika.com.** ●●●
■ Die luxuriösen Chalets der **Madikwe River Lodge** liegen direkt am Ufer des Groot Marico. **Tel. 014/778 9000,** **www.madikweriverlodge.com.** ●●●

Hochebene und Wüste

Nicht verpassen!

- Im Pub Star of the West in Kimberley lunchen
- Das Echo in der Schlucht des Augrabies Falls National Park testen
- Afrika spüren im roten Sand der Kalahari
- Auf dem Rücken eines Ponys durch die Berge von Lesotho reiten

Zur Orientierung

Die zentrale Hochebene Südafrikas liegt mit Ausnahme des abflusslosen Kalahari-Beckens 1000 bis über 1700 m hoch. Auf den öden Steppen wird extensive Landwirtschaft betrieben. In dieser herben Landschaft setzen einige Sehenswürdigkeiten besondere Akzente. In Kimberley führten Diamantenfunde, einer der Grundfeiler des wirtschaftlichen Wohlstands Südafrikas, zu einem riesigen, von Hand geschaffenem Loch, dem Big Hole. An den Augrabies Falls bei Upington stürzt der Oranje donnernd in eine Schlucht – vor allem im November/Dezember ein eindrucksvolles Schauspiel. Die Sandwüste der Kalahari wurde zum Rückzugsgebiet für Löwen, Antilopen und die San, die Ureinwohner Südafrikas. Ein guter Ausgangspunkt für einen Ausflug in das »Himmelskönigreich« Lesotho ist die Rosenstadt Bloemfontein.

Tour in der Region

Diamanten, Berge und Sandmeere

Dauer und Länge: 9 Tage, ca. 2900 km

Praktische Hinweise: Ein Mietwagen ist angebracht. Die Distanzen zwischen den einzelnen Stationen sind lang. Lassen Sie sich aber nicht verleiten, bis tief in die Nacht zu fahren. Tiere und defekte Autos machen Fahrten im Dunkeln riskant. Unterwegs gibt es nur wenige Hotels.

Ausgangspunkt der Tour ist **Johannesburg** ❯ S. 91, erste Übernachtungsstation **∗Kimberley** ❯ S. 130. Die Stadt wuchs schnell, die Jagd nach Diamanten ließ kaum Zeit für gediegene Architektur. Dafür grub man das größte je von Menschenhand geschaffene Loch, das **∗Big Hole**. Außerhalb Kimberleys kann man Felszeichnungen der San entdecken. Via **Upington** ❯ S. 136 erreicht man über 600 km weiter nordwestlich den **∗Kgalagadi Transfrontier Park** ❯ S. 137. In der rotsandigen Kalahari sollte man ein paar Tage bleiben, um die vielen Tiere in der weitläufigen Region aufzuspüren. Das Rauschen der **∗∗Augrabies Falls** ❯ S. 136 erscheint wie Lärm nach der Stille der Wüste. Hier ist ebenfalls ein Aufenthalt angesagt. Ruhe dominiert auch in den Bergen von **∗∗Lesotho** ❯ S. 134, wo eine Tour auf dem Pony die beste Art der Fortbewegung ist. Als Ausgangs-

punkt für den Besuch im Königreich bietet sich die »Rosenstadt«
*Bloemfontein › S. 133 an.

Verkehrsmittel

Die Region lässt sich gut mit einem normalen PKW bereisen.

Die Straßen im Kgalagadi Transfrontier Park bestehen aus festen
Pisten, die in der Regenzeit z.T.
überflutet sind. Wer bei der Anreise Zeit sparen möchte, kann
von Johannesburg nach Kimberley oder Upington fliegen und
dort einen Mietwagen nehmen.

Unterwegs in der Region

*Kimberley

Hier wurden 1867 die ersten Diamanten gefunden und schon wenige Jahre später schürften Zehntausende im öden Highveld – es
entstand das Big Hole, das Große
Loch. Als es mit der planlosen
Graberei ein Ende hatte, kämpf-
ten zwei Männer um die Kontrol-
le der Diamantenfelder: der Londoner Barney Barnato und Cecil
John Rhodes. 1888 übergab der
35-jährige Rhodes seinem Wider-
sacher den bis dahin wertmäßig
größten Scheck aller Zeiten über
mehr als 5 Mio. Pfund und
gründete die **De Beers Consoli-
dated Mines** – so genannt nach
der Farm der Brüder De Beers,
die reiche Diamantenvorkommen
barg. Heute leitet Nicholas Op-
penheimer in der dritten Generation den De-Beers-Konzern und
kontrolliert damit 90 % der weltweiten Diamantenproduktion.

Der Komplex des **McGregor
Museum** mit insgesamt sieben
Museen in der Atlas Street ist in
vier historischen Häusern unter-

gebracht (Mo–Sa 9–17, So 14 bis
17 Uhr, www.museumsnc.co.za).
Aus dem **McGregor Memorial
Museum** in der Chapel Street
wird demnächst das Kimberley
History Museum zur Stadtge-
schichte (Di–Fr 9–17, Sa 9 bis
13 Uhr). Ebenfalls sehenswert
(nach Voranmeldung) sind das
Dunluce und das **Rudd House**.

Die **Duggan-Cronin Gallery**
nebenan enthält neben Material
zur Geschichte der schwarzen
Völker (beispielsweise Alltagsgegenstände) eine Sammlung von
Fotografien, die der wohlhabende
Bürger Alfred Duggan-Cronin
zwischen 1919 und 1939 von
»Eingeborenen« machte (Mo–Fr
9–17 Uhr).

Das neoklassizistische Rathaus,
die **City Hall** im Herzen von Kimberley (200 000 Einw.) an der Old
Main Street/Ecke Transvaal Road,
wurde 1899 fertig gestellt; die
Straßenlampen am Platz sind
Nachbildungen der Originale.
Kimberley rühmte sich schon
1882 als erste Stadt des Landes einer elektrischen Beleuchtung.

Von hier aus fährt täglich zwischen 9 und 16 Uhr jede Stunde eine restaurierte **offene Trambahn aus dem Jahr 1913** zum *Big Hole und dem Kimberley Mine Museum. Die historische Bahn zuckelt kurz nach der Abfahrt quietschend an einem lang gestreckten viktorianischen Gebäude in der Stockdale Street vorbei, der **De-Beers-Verwaltungszentrale.** Das geschichtsträchtige Haus war ab 1879 Sitz der Central Mining Company.

Auf Wunsch hält die Bahn am **Pub Star of the West,** angeblich die älteste Kneipe Südafrikas mit entsprechendem Flair – ein guter Anlaufpunkt zum Lunch. Sie erhielt ihre Schanklizenz 1873.

**Kimberley Mine Museum

Das Museum ist die Endstation der Straßenbahn, ein sehenswertes Dorf aus der Zeit des Diamantenfiebers ab 1869. Anders als die rekonstruierten Häuser von Gold Reef City bei Johannesburg › S. 96 sind einige dieser insgesamt **49 Gebäude Originale.** Dazu gehören die kleine **Deutsch-Lutheranische Kirche** (1875) und Kimberleys ältestes Haus – als »Bausatz« 1877 aus Großbritannien herangeschafft. Beim Betreten der (nachgebauten) Bar **Digger's Rest** ertönt Klaviergeklimper und Gesang. Oldtimer-Karossen aus der Zeit um 1900 sind im Museum ebenso ausgestellt wie der

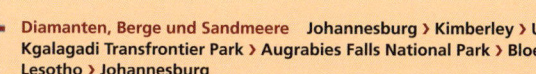

Diamanten, Berge und Sandmeere Johannesburg › Kimberley › Upington › Kgalagadi Transfrontier Park › Augrabies Falls National Park › Bloemfontein › Lesotho › Johannesburg

Das Diamantenfieber hinterließ
ein riesiges Loch

und Fels ausgehoben. Das Loch hat einen Durchmesser von fast 500 m und ist 800 m tief; der größte Teil ist mit Grundwasser gefüllt. Hier wurden 2700 kg Diamanten im Wert von 35 Milliarden Euro ans Tageslicht gebracht.

Wildebeest Kuil Rock Art Tourism Centre

Das Zentrum 15 km nordwestlich von Kimberley schützt Felsen mit **400 alten Steinritzungen der San;** Audioguides geben Erläuterungen zu den zehn Stationen. Arbeiten der !Xun und Khwe San – Malereien, Textilien, Töpferwaren – werden hier auch verkauft (Mo–Fr 9–16 Uhr, Sa/So 10 bis 16 Uhr, Tel. 053/833 7069, www. museumsnc.co.za).

Echt gu

1897 in Chicago produzierte Eisenbahnwaggon für den Direktor der Firma De Beers (Tucker St., tgl. 8–17 Uhr, www.thebighole. com). Von zwei Aussichtspunkten blickt man in **das Big Hole,** das tiefste von Menschenhand gegrabene Loch der Welt. Von 1889 bis zur Schließung 1914 wurden hier über 20 Mio. Tonnen Erdreich

Info

Sol Plaatje Tourism Departement
121 Bultfontein Road
Tel. 053/832 7298
www.solplaatje.org.za
Mo–Fr 8–17, Sa 8–13 Uhr

Diamantenförderung

Die **Bultfontein-Mine** ist eine der drei Diamantenminen von Kimberley. Hier begannen Schürfer mit Hacke und Schaufel schon 1869 nach Diamanten zu graben und schufen eines von fünf Big Holes in Südafrika. Mittlerweile ist man bei mehr als 800 m Tiefe angelangt, der Abbau wird sich nur noch einige Jahre lohnen. Die einstige Diamantenmetropole Kimberley ist heute noch mit 10 % an der südafrikanischen Diamantenförderung beteiligt. Reichere Vorkommen finden sich in Cullinan bei Pretoria und in Alexander Bay an der Westküste.

Wer selbst einmal Diamantenfieber spüren möchte, sollte eine ganztägige **Diamonds and Diggers Tour** mitmachen, die Diamond Tours Unlimited wochentags auf Anfrage anbietet (Hadison Park, Kimberley, Tel. 084/ 645 7754, www.diamondtours.co.za).

Verkehr

Flugverbindungen: tgl. nach Durban, Johannesburg, Kapstadt, Upington u.a. Kein Bustransfer in die Stadt.

Hotels

■ **Cecil John Rhodes Guesthouse**
138 Du Toitspan Road
Tel. 053/830 2500
www.ceciljohnrhodes.co.za
Sieben stilvolle Zimmer in einer alten Villa, Teegarten. ●●

■ **Five Acres Bed & Breakfast**
5 MacDougall Street][**Eltero Park**
Tel. 053/861 1179][**www.fiveacres.co.za**
Gemütliche Cottages in einem großen Garten mit Pool zu einem sehr guten Preis-Leistungs-Verhältnis. ●●

Restaurant

Mario's
149 Du Toitspan St.][**Tel. 053/831 1738**
Fleisch, Fisch, Pasta und Pizza in mediterranem Ambiente. So nur abends.
●—●●

*Bloemfontein/ Mangaung 2

1841 wurde die »Rosenstadt« an einer Quelle gegründet, heute feiert sie in der zweiten Oktoberhälfte ein Rosenfest. Ein Großteil der rund 800 000 Einwohner des Verwaltungsbezirks arbeitet in staatlichen Institutionen. Bloemfontein, Geburtsstadt des »Herr der Ringe«-Autors Tolkien, ist eine der wenigen Gemeinden Südafrikas ohne Finanzdefizite. Ende 2008 konstituierte sich hier die Partei *Congress for the People* als Konkurrenz zum ANC.

Fourth Radsaal in Bloemfontein

Einen guten Überblick gewinnt man vom **Naval Hill** im Norden der Stadt. Am Fuß des Hügels ist die größte Orchideensammlung des Landes in einer Miniaturlandschaft mit Brücken und kleinen Wasserfällen zu bewundern.

**President Brand Street

Mit gleich zehn interessanten historischen Gebäuden kann die 500 m lange Straße aufwarten. Den Bummel beginnt man am besten an der **City Hall,** die 1935 mit italienischem Marmor erbaut wurde. Das schöne Rathaus ist das Wahrzeichen der Stadt. Unverwechselbar ist der 1893 vollendete **Fourth Radsaal mit seiner hohen Kuppel und den Vorbau stützenden dorischen Säulen. Bis 1900 tagte hier der Volksrat der ehemaligen Burenrepublik.

Der **Court of Appeal,** das Berufungsgericht, stammt aus dem Jahr 1929. Prächtige Holztäfelungen und Schnitzereien schmücken seine Säle. Das **Old Government Building von 1875 beherbergt jetzt das National Afrikaans Literature Muscum (Mo–Fr 7.30 bis 12.15, 13–16 Uhr, Sa 9–12 Uhr), das um eine Abteilung zur Sesotho-Sprache erweitert wurde. Im Garten stehen Statuen einstiger Burenpräsidenten.

Vorbei an **Waldorf** und **Jubileeum Building** aus den 1920er-Jahren geht es zum 1906 erbauten **Supreme Court.** Schräg gegenüber entstand 1885 die eindrucksvolle **Old Presidency** in viktorianischem Stil.

*National Museum und Anglo-Boer War-Museum

Das ***National Museum** an der Aliwal Street beherbergt eine bedeutende Sammlung von Fossilien und archäologischen Funden, außerdem eine Ausstellung über die Kultur der San und die Geschichte des Oranje-Freistaates (www.nasmus.co.za, Mo–Fr 8–17, Sa 10–17, So 12 bis 17 Uhr). Den zweiten Krieg zwischen Briten und Buren (1899 bis 1902) dokumentiert das **Anglo-Boer War Museum** an der Monument Road. Der nahe 36,5 m hohen Obelisken erinnert an die 26 000 Frauen und Kinder, die in britischen Konzentrationslagern umkamen (www. anglo-boer.co.za, Mo–Fr 8–16.30, Sa 11–17, So 10–17 Uhr).

Info

Bloemfontein Tourist Center
Willows][**60 Park Road**
Tel. 051/405 8489
www.bloemfontein.co.za
Mo–Fr 8–16.15 Uhr, Sa 8–12 Uhr.

Hotels

■ **Hobbit Boutique Hotel**
19 President Steyn Ave.
Tel./Fax 051/447 0663
www.hobbit.co.za
Alte noble Villa mit plüschigen Zimmern, Restaurant, Pool im Garten. ●●
■ **Protea Hotel**
202 Nelson Mandela Drive
Tel. 051/444 4321
www.proteahotels.com
Modernes Haus, groß aber attraktiv, Garten und Pool, nahe dem Geschäftsviertel. ●●

Restaurants

■ **New York**
60 Second Ave.][**Westdene**
Tel. 051/447 7279
Genießt einen ausgezeichneten Ruf; sehr gute Fleischgerichte, umfangreiche Weinkarte. So abends geschl. ●●
■ **Beef Baron**
22 Second Ave.][**Tel. 051/447 4290**
Bekannt für seine Fleisch- und Fischgerichte, gute Weinkarte. Sa–Mo mittags und So abends geschl. ●

Ausflug ins **Königreich Lesotho

Mit 30 355 km² ist Lesotho in etwa so groß wie Belgien. Die 1,7 Mio. Einwohner sind größtenteils Basotho. Das »Himmelskönigreich« trägt den Namen zu Recht: Sein niedrigster Punkt liegt 1388 m hoch über dem Meer. Der Thabana Ntlenyana (3482 m) ist der höchste Berg des südlichen Afrika. 1987 wurde mit einem gigantischen Staudammprojekt begonnen, das etwa 30 Jahre dauern wird und fünf Staudämme im Herzen von Lesotho umfasst. Der im Norden entspringende Gariep (in Lesotho heißt er Senqu) wird im Quellbereich aufgestaut und das Wasser dann durch insgesamt 225 km lange Tunnel in den Vaal-Damm im Norden des Oranje-Freistaats geleitet. So soll die Wasserknappheit im Großraum Johannesburg beseitigt werden.

Besser als jeder Geländewagen: das Basotho-Pony

!! Deutsche, Schweizer und Österreicher benötigen für einen Aufenthalt bis 3 Monate bzw. 30 Tage kein Visum (Reisepass muss noch mind. 6 Monate gelten). Bei Einreise mit dem Mietwagen muss man ein vom Vermieter ausgehändigtes »Carnet de Passage« (Zolldokument) mitführen. In Lesotho kann man mit südafrikanischen Rand oder der Landeswährung Loti (Mehrzahl Maloti) bezahlen. Beide Währungen haben den gleichen Kurs.

Sehenswertes

Der Tafelberg ***Thaba Bosiu** ist nur 25 km von der Hauptstadt **Maseru** **3** entfernt. Hier lebte König Moshoeshoe, der Gründer des Königreichs. Auf dem Plateau sind die Ruinen der Festung und die Steingräber der königlichen Familie zu sehen.

120 km südöstlich von Maseru erreicht man den ***Maletsunyane-Wasserfall** – mit 193 m einer der höchsten Wasserfälle im südlichen Afrika. Zwei Drittel des Wegs sind Schotterstraße, ab **Semonkong** geht es eine Stunde auf dem Pony weiter. Der Blick in die atemberaubende Schlucht lohnt sich zweifelsohne!

Die drei **Pisten des modernen Afri-Ski Resort** liegen in den Maluti Mountains in bis zu 3322 m Höhe. Das Skigebiet auf dem Dach Afrikas umfasst zwei Schlepplifte, Schneekanonen aus Österreich, Ski-Schule, Shop (Skier, Snowboards, Ski- und Schneeschuhe) sowie Chalets zum übernachten (Afri-Ski, Tel. 0027/861/754 669, www.afriski.co.za).

Ponytrekking

Die schönsten Ecken des Königreichs sind nur auf dem Rücken eines Basotho-Ponys zu erreichen. Berghotels bieten Ausritte von einer Stunde bis zu einer Woche an. Am bekanntesten und sehr erfahren in der Durchführung von **Basotho Pony Trekking** (1 Tag oder 2 bis 6 Tage) ist die **Malealea Lodge** bei **Morija**, Tel. 0027/82/552 4215, www.malealea.co.ls.

Info

Info

Lesotho Tourism Develpoment Corporation
Linare/Parliament Road
Maseru
Tel. 00266/2231 12238
www.ltdc.org.ls

Hotels

■ **Lesotho Sun**
Maseru][Tel. 00266/2224 3000
www.suninternational.co.za
Bietet internationalen Standard und sicher den schönsten Blick auf die Stadt. ●●●

■ **Lancer's Inn**
Kingsway/Pioneer Road
Maseru
Tel. 00266/2231 2114
www.lancersinn.co.ls
Bungalows mit Charme in einer Gartenanlage, zentrale Lage. ●

■ **Semonkong Lodge**
Tel./Fax 00266/2700 6037
www.placeofsmoke.co.ls
Schöne Rundhütten, gutes Restaurant, Ponyreiten. ●

Upington ④

Der Ort (72 000 Einw.) verdankt seine Existenz dem Bewässerungsfeldbau; Lebensader ist der Oranje. Die große Rosinen-Fabrik ist eine der modernsten der Welt. Außerdem befindet sich hier der größte Weinkeller des Landes.

Im nahen **Spitskop**-Reservat leben Gazellen, Strauße, Zebras und Gnus. Von einem Hügel aus riesigen Granitblöcken bietet sich ein **grandioser Ausblick auf die unendliche Weite der Kalahari-Wüste** (Info-Tel. 054/332 1336).

Info

Tourist Information
Kalahari-Oranje Museum
14–17 Schröder Str.
Tel. 054/332 6064
www.upington.co.za
Mo–Fr 8–12.30, 14–17 Uhr.

Unterkunft

Le Must River Manor
12 Murray Ave.][Tel. 054/332 3971
www.lemustupington.com
Komfortables kleines Gästehaus mit Familienzimmer. Stilvoll essen mit guten Weinen bietet das gleichnamige Restaurant (Schöder St. 12). ●●

Augrabies Falls National Park ⑤

Das absolute Highlight des Nationalparks sind die Wasserfälle. Hier ergießt sich der Oranje in mehreren Kaskaden in eine 18 km lange, bis zu 240 m tiefe Granitschlucht. Der größte Wasserfall ist 56 m hoch und 150 m breit.

Am spektakulärsten sind die Augrabies Falls im November und Dezember – nach den Regenfällen im südafrikanischen Frühling. Dann steigen die Tagestemperaturen oft auf über 40 °C im Schatten an; deshalb ist der 40 km lange **Klippspringer Hiking Trail** nur von 1. April bis 30. September begehbar. Der 5 km lange **Dassie Trail** (Klippschliefer) kann ganzjährig begangen werden; die Route führt vom Camp zur Schlucht und dem sanft gewölbten Granitgipfel des **Moon Rock**.

Vom Parkplatz im Westen des Parks gelangt man nach einem Abstieg von 100 Hm zum **Echo Corner.** Man sieht hier nicht nur den Oranje mit seiner eindrucksvollen Schlucht, sondern kann auch sein Echo erleben.

Im Nationalpark leben vor allem die kleinen Klippspringer und andere Antilopenarten, Giraffen und Leoparden. Besuchern stehen klimatisierte Chalets, ein Caravanplatz, Restaurant und Swimmingpool zur Verfügung.

Die Augrabies Falls

Info

Augrabies Falls National Park
Tel. 054/452 9200
Reservierung: South African National Parks, www.sanparks.org › S. 23

*Kgalagadi Transfrontier Park ⑥

Der riesige, wildreiche Nationalpark (3,6 Mio. ha) entstand aus dem Kalahari Gemsbok National Park auf südafrikanischer und dem Gemsbok National Park auf botswanischer Seite. Hier finden die Tiere genügend Weidegründe. Herden von Oryxantilopen und Springböcken, Geparden, Gnus und andere Großtiere leben in dieser Halbwüste mit rötlichem Sand und einzelnen Akazien. Die Löwen der Kalahari können wochenlang ohne Wasser auskommen. Sie ernähren sich v.a. von Stachelschweinen. Den südafrikanischen Teil des Parks begrenzen V-förmig zwei fossile Flussbetten

(Twee Rivieren), in denen gute Pisten zur Grenze von Namibia führen. Die Zufahrt von Upington zum Südeingang des Parks bei Twee Riviera ist inzwischen asphaltiert (265 km).

Das Gebiet des Parks war ursprünglich Siedlungsraum der San. 1999 gab die südafrikanische Regierung den San ein Stück Land bei Andriesvaal zurück, ihre traditionelle Lebensweise als Jäger und Sammler ist jedoch nicht mehr möglich.

Unterkunft

Die älteren Rastlager **Twee Rivieren, Nossob** und **Mata Mata** bieten neben Camping auch Chalets, Shops und Tankmöglichkeit. **Schön ist das Kalahari Tented Camp** neben Mata Mata gleich an der Grenze zu Namibia: 15 Chalets mit Zeltwänden auf einer Sanddüne; Wasserloch für die Tiere und Pool. Weitere einfache Camps sind **Bitterpan** und **Grootkolk,** Buchung über Tel. 054/561 2000 oder South African National Parks, www.sanparks.org › S. 23

Infos von A–Z

Ärztliche Versorgung

Die ärztliche Versorgung hat europäischen Standard. Apotheken (Pharmacy oder Chemist, in Afrikaans: Apteek) sind gleichzeitig Drogerien.

Angaben über den nächsten Arzt (Medical Practitioners) oder Krankenhaus (Hospital) findet man in jedem lokalen Telefonbuch.

Krankenwagen: Tel. 10177.

Behinderte

In den größeren Hotels sowie den Rastlagern der South African National Parks wird für behindertengerechte Unterbringung gesorgt.

Informationen beim **Independent Living Centre** in Johannesburg, Tel. 011/482 5474, www.independentliving.org

Devisenbestimmungen

Pro Person dürfen max. 5000 Rand ein- und 500 Rand ausgeführt werden, darüber hinaus Reiseschecks in Rand in unbegrenzter Höhe. Fremdwährungen unterliegen keinen Begrenzungen.

Diplomatische Vertretungen

■ **In Deutschland:** Südafrikanische Botschaft, Tiergartenstr. 18, 10785 Berlin, Tel. 0 30/22 07 30, Fax 22 07 31 90, www.suedafrika.org
■ **In Österreich:** Sandgasse 33, 1190 Wien, Tel. 01/3 20 64 93, Fax 3 20 64 93 51, www.saembassy.at
■ **In der Schweiz:** Alpenstr. 29, 3006 Bern, Tel. 031/350 13 13, Fax 350 39 44, www.southafrica.ch
In Südafrika:
■ **Deutsche Botschaft,** 180 Blackwood Street, Pretoria-Arcadia 0083, Tel. 012/427 8900, Fax 343 9401, www.pretoria.diplo.de

■ **Deutsches Generalkonsulat,** 22 Riebeek Street, Kapstadt 8001, Tel. 021/405 3000, Fax 421 0410
■ **Österreichische Botschaft,** 1109 Duncan St., Brooklyn, Pretoria, Tel. 012/452 9155, Fax 460 1151, www.bmeia.gov.at
■ **Österreichisches Honorarkonsulat,** 10 A Princess Anne Place, Durban, Tel. 031/261 6233, Fax 261 6234
■ **Österreichisches Generalkonsulat,** 1 Thibault Square, Kapstadt, Tel. 021/421 1440, Fax 425 3489.
■ **Schweizer Botschaft,** 225 Veale St., Parc Nouveau, New Muckleneuk, Tel. 012/452 0660, Fax 346 6605, www.eda.admin.ch/pretoria
■ **Schweizer Generalkonsulat,** 1 Thibault Square, Kapstadt, Tel. 021/400 7500, Fax 418 3688

Einreise

Deutsche, Österreicher und Schweizer benötigen für einen Aufenthalt bis zu drei Monaten einen Reisepass bzw. Kinderausweis (mit Foto), der noch mindestens drei Monate über das Einreisedatum hinaus gültig ist und mindestens zwei freie Seiten aufweist. Bestimmungen für Lesotho ❯ S. 135.

Elektrizität

220 bzw. 240 Volt Wechselstrom. Die Steckdosen sind dreipolig, in neuere Modelle passen auch zweipolige Stecker. Adapter (Two-Pin-Adapter) sind vor Ort erhältlich.

Feiertage

Neben eigenen Feiertagen von Asiaten und Juden gibt es in Südafrika zwölf gesetzliche Feiertage: 1. Januar, 21. März (Tag der Menschenrechte), Karfreitag, Ostermontag (Familientag), 27.

April (Freiheitstag), 1. Mai (Tag der Arbeit), 16. Juni (Tag der Jugend), 9. August (Nationaler Frauentag), 24. September (Tag des Erbes – Shaka Day der Zulu), 16. Dezember (Tag der Versöhnung), 25. und 26. Dezember.

Ferien
Die Termine der Schulferien sind von Provinz zu Provinz verschieden: Sommerferien Anfang Dezember bis Mitte Januar, Osterferien März/April, Winterferien Juni/Juli, Frühlingsferien September/Oktober. Zu dieser Zeit sollte man Unterkünfte unbedingt reservieren!

Geld und Währung
Landeswährung ist der Rand (ZAR), unterteilt in 100 Cents. Im Umlauf sind Banknoten zu 10, 20, 50, 100 und 200 Rand. Beim Bargeldtausch bei Banken in Südafrka ist der Wechselkurs günstiger als im Heimatland. Die Mitnahme von Reiseschecks in Euro ist zu empfehlen. In größeren Städten erhält man an Bankautomaten mit der Maestro- bzw. Kreditkarte und PIN Bargeld, meist gegen Gebühr. In vielen Hotels, Restaurants und Geschäften kann man mit Kreditkarten bezahlen.

Gesundheitsvorsorge
Impfungen sind nicht vorgeschrieben, empfohlen werden evtl. Auffrischungen der Impfungen gegen Polio, Tetanus, Diphterie sowie Hepatitis A. Malariaprophylaxe ist anzuraten für den Krüger-Nationalpark, die Provinzen Mpumalanga, Limpopo und den nördlichen Küstenstreifen von KwaZulu-Natal. In stehenden oder lansam fließenden Gewässern sollte man wegen der Bilharziosegefahr nicht baden. Leitungswasser kann in den großen Städten getrunken werden. Die Aidsraten in Südafrika steigen dramatisch; 40 % der Todesfälle bei 15- bis 49-Jährigen sind auf AIDS zurückzuführen.

Information
In allen größeren Städten des Landes sind Informationsdienste eingerichtet, gekennzeichnet durch »i«.
South African Tourism,
Friedensstr. 6–10, 60311 Frankfurt,
Tel. 0800/118 9118 (kostenfrei),
www.dein-suedafrika.de;
Anfragen aus Österreich:
Tel. 08 20/50 07 39,
aus der Schweiz: Tel. 08 48/66 35 22.

Kleidung
Auch wenn es an der Küste von KwaZulu/Natal im südafrikanischen Sommer recht heiß ist, können im übrigen Land nicht nur die Abende ziemlich kühl sein; ein warmer Pullover und eine Regenjacke gehören ebenso wie leichte Baumwollkleidung und Badesachen ins Reisegepäck. Zwischen Juli und September sinkt die Temperatur in den Bergen nachts auf unter null Grad. In guten Restaurants und Hotels wird abends formelle Kleidung erwartet. Angesichts der intensiven Sonneneinstrahlung sind eine Sonnenbrille und eine Kopfbedeckung unbedingt ratsam.

Krankenversicherung
Ratsam ist der Abschluss einer Auslandskrankenversicherung, die auch einen medizinisch sinnvollen Rücktransport einschließt. Alle Behandlungskosten vor Ort sind gleich zu bezahlen

Urlaubskasse	
Tasse Kaffee	1 €
Softdrink	1,30 €
Glas Bier	1,50 €
Hamburger/Sandwich	3 €
Sonnencreme (100 ml im Supermarkt)	8 €
Taxifahrt (pro Km)	1 €
Mietwagen/Tag	ab 35 €

und werden gegen Quittung im Heimatland von der Versicherung erstattet.

Mehrwertsteuer

Die südafrikanische Mehrwertsteuer (VAT – Value Added Tax) von 14 % wird bei einer Kaufsumme von über 250 Rand bei der Ausreise am Flughafen zurückerstattet. Wird die Ware mit Kaufbeleg am VAT-Schalter am Flughafen vorgelegt, erfolgt die Rückzahlung per Scheck (www.dfa.gov.za/consular/vat.htm).

Notruf

- Polizei-Notruf: Tel. 10111
- Ambulanz: Tel. 10177

Öffnungszeiten

Es gibt keine strengen Ladenschlusszeiten. **Geschäfte** sind in der Regel Mo–Fr 8–17 Uhr, Sa 8–13 Uhr geöffnet (Shoppingcenter bis 21 Uhr). **Tankstellen** bieten meist einen 24-Stunden-Service. **Banken** sind Mo–Fr 9–15.30 Uhr, Sa 9–11 Uhr geöffnet. Die meisten **Postämter** sind Mo–Fr 8–16.30 Uhr, Sa 8–12 Uhr geöffnet.

Sicherheit

In den Zentren der Großstädte hat sich die Situation zumindest während der Geschäftsöffnungszeiten etwas verbessert. Nächtliche Spaziergänge, Fahrten mit Vorortzügen sowie Erkundungen unbelebter Gegenden sollte man unbedingt unterlassen und nur Taxis namhafter Unternehmen nutzen. Wertsachen, Dokumente und Bargeld sollte man immer im Hotelsafe aufbewahren; Soweto oder andere Townships nur im Rahmen einer geführten Tour besuchen. Durchfährt man eine Stadt, sollten Türen des Fahrzeugs von innen verriegelt und Fenster geschlossen werden. Zuverlässig informieren die Sicherheitshinweise des Auswärtigen Amts (www.auswaertiges-amt.de)

Telefon/Handy/Internet

Der größte Teil des Landes hat ein gut funktionierendes Telefonnetz. Münzfernsprecher findet man in blauen, Kartentelefone (auch für Ferngespräche) in grünen Telefonzellen. Telefonkarten sind in Postämtern, Supermärkten und am Flughafen erhältlich. Das Mobilfunknetz deckt fast das gesamte Land ab. Handys (Cells) funktionieren mit der eigenen SIM-Karte (hohe Roaming-Gebühren) oder einer preisgünstigen südafrikanischen SIM-Karte mit Prepaid-Guthaben (z.B. von MTN).

Internationale Vorwahlnummern

- Deutschland: 00 49
- Österreich: 00 43
- Schweiz: 00 41
- Südafrika: 00 27
- Lesotho: 00266 (aus Südafrika 09266).

Internetcafés finden sich in größeren Städten leicht. Viele Hotels, B&Bs und auch Backpackers bieten einen Internetzugang, oft auch WLAN.

Trinkgeld

erwarten Mitarbeiter in Restaurants, Zimmermädchen oder Taxifahrer.

Zoll

Für den persönlichen Bedarf gelten folgende Einfuhrbestimmungen: 1 l Spirituosen, 2 l Wein, 400 Zigaretten, 250 g Tabak und 50 ml Parfum; für Jagdwaffen ist eine Genehmigung erforderlich.

Bei Wiedereinreise via Flugzeug ins Heimatland sind pro Person über 17 Jahre Waren bis zu einem Gesamtwert von 430 € bzw. 300 CHF zollfrei.

⚠ Präparierte Tiere dürfen nur mit Genehmigung aus- und in Europa eingeführt werden. Der Import von gefährdeten Pflanzen, Tieren und Elfenbein sowie Produkten daraus ist gemäß dem Washingtoner Artenschutzabkommen strengstens untersagt (www.artenschutz-online.de).

Register

Bildnachweis

Alamy/AfriPics.com: U2-Top12-10; Alamy/Bon Appetit: U2-Top12-06; Alamy/Nick Fraser: U2-Top12-04; Alamy/Steve & Ann Toon: 124; Bildagentur Huber: 42; Bildagentur Huber/Picture Finders: 2-3; Bildagentur Huber/Ripani Massimo: 6; Bildagentur Huber/G. Simeone: 86; Astrid Därr: 118, 122, 123; Clemens Emmler: 20, 34, 37, 53, 65, 66, 83, 137; Fotolia.com/João Freitas: 19; Fotolia.com/Robin Heal: 2-2; Fotolia.com/Marcel Hurni: U2-Top12-09, U2-Top12-12, 13; Fotolia.com/Pixeljäger: 2-1; Fotolia.com/Weimar: 64; Werner Gartung: 17, 30, 32, 39, 58, 68, 69, 70, 80, 81, 82, 98, 99, 102, 117, 120, 125, 133, 135; IFA-Bilderteam/PictureFinders: 71; Volkmar Janicke: 22,93; laif/Dubbelman/Hollandse Hoogte: U2-Top12-02; laif/Clemens Emmler: U2-Top12-05, 11, 14, 52, 56, 63, 77, 114; laif/Glaescher: 101; laif/Heeb: 126; laif/hemis.fr/MAISANT Ludovic: 50; laif/Meissner: 97; laif/Voge/Le Figaro Magazine: U2-Top12-01, 132; LOOK-foto/age fotostock: U2-Top12-07, 8, 128; LOOK-foto/Hermann Erber: U2-Top12-08, 40, 109; LOOK-foto/Franz Marc Frei: 55; LOOK-foto/Rolf Frei: 1; LOOK-foto/Jan Greune: 18, 24; LOOK-foto/Per-Andre Hoffmann: 107; LOOK-foto/Juergen Stumpe: 47; Dorothee Kern: 59, 111; pixelio/DigiPyramid: U2-Top12-03; pixelio/dumman: U2-Top12-11; Jürgen Sorges: 35, 96; Peter Williams/WWC: 33.

Liebe Leserin, lieber Leser,
wir freuen uns, dass Sie sich für diesen POLYGLOTT on tour entschieden haben.
Unsere Autorinnen und Autoren sind für Sie unterwegs und recherchieren sehr gründlich, damit Sie mit aktuellen und zuverlässigen Informationen auf Reisen gehen können.
Dennoch lassen sich Fehler nie ganz ausschließen. Wir bitten Sie um Verständnis, dass der Verlag dafür keine Haftung übernehmen kann.

Ihre Meinung ist uns wichtig. Bitte schreiben Sie uns:
TRAVEL HOUSE MEDIA GmbH, Redaktion POLYGLOTT, Grillparzerstraße 12, 81675 München, redaktion@polyglott.de
www.polyglott.de

© 2014 TRAVEL HOUSE MEDIA GmbH München
3. unveränderte Auflage
Dieses Buch wurde auf chlorfrei gebleichtem Papier gedruckt.
ISBN 978-3-8464-0780-6

Bei Interesse an maßgeschneiderten POLYGLOTT Produkten:
Tel. 089/450 00 99 12
veronica.reisenegger@travel-house-media.de

Bei Interesse an Anzeigen:
KV Kommunalverlag GmbH & Co KG
Tel. 089/928 09 60
info@kommunal-verlag.de

Verlagsleitung: Michaela Lienemann
Redaktionsleitung: Grit Müller
Autoren: Werner Gartung, Martina Schwikowski (Specials Kapweine, Wildreservate), Heidrun Brockmann
Neukonzeption: Heidrun Brockmann
Redaktion: Dorothee Kern
Bildredaktion: TRAVEL HOUSE MEDIA GmbH, München, und Uli Reißer
Layout: Ute Weber, Geretsried
Titeldesign-Konzept: Studio Schübel Werbeagentur GmbH, München
Karten und Pläne: Kartografie TRAVEL HOUSE MEDIA GmbH, München
Satz: Schulz Bild & Text, Mainz
Druck und Bindung: Firmengruppe APPL, aprinta druck, Wemding

PEFC
PEFC/04-32-0928

TRAVEL HOUSE MEDIA

Ein Unternehmen der
GANSKE VERLAGSGRUPPE

Langenscheidt Mini-Dolmetscher Englisch

Allgemeines

Guten Morgen.	Good morning. [gud **moh**ning]
Guten Tag. (nachmittags)	Good afternoon. [gud after**nuhn**]
Hallo!	Hello! [häll**oh**]
Wie geht's?	How are you? [hau ah_ju]
Danke, gut.	Fine, thank you. [**fain, θänk**_ju]
Ich heiße ...	My name is ... [mai **nehm**_is]
Auf Wiedersehen.	Goodbye. [gud**bai**]
Morgen	morning [**moh**ning]
Nachmittag	afternoon [after**nuhn**]
Abend	evening [**ihw**ning]
Nacht	night [nait]
morgen	tomorrow [tu**morroh**]
heute	today [tu**deh**]
gestern	yesterday [**jes**terdeh]
Sprechen Sie Deutsch?	Do you speak German? [du_ju spihk d̶s̶e̶h̶**öh**mən]
Wie bitte?	Pardon? [**pahd**n]
Ich verstehe nicht.	I don't understand. [ai **dohnt** ander**ständ**]
Würden Sie das bitte wiederholen?	Would you repeat that please? [wud_ju ri**piht** öät, **plihs**]
bitte	please [**plihs**]
danke	thank you [**θänk**_ju]
was / wer / welcher	what / who / which [wott / huh / witsch]
wo / wohin	where [wäə]
wie / wie viel	how / how much [hau / hau **matsch**]
wann / wie lange	when / how long [wänn / hau **long**]
warum	why [wai]
Wie heißt das?	What is this called? [**wott**_is öis **kohld**]
Wo ist ...?	Where is ...? [**wäər**_is ...]
Können Sie mir helfen?	Can you help me? [kän_ju **hälp**_mi]
ja	yes [jäss]
nein	no [noh]
Entschuldigen Sie.	Excuse me. [iks**kjuhs** miöə]
rechts	on the right [on öə reit]
links	on the left [on öə left]
Gibt es hier eine Touristeninformation?	Is there a tourist information? [is_öər_ə **tuə**rist inf**ə**mehschn]
Haben Sie einen Stadtplan ?	Do you have a city mape? [du_ju häw_ə **ßi**ti mäpp]

Shopping

Wo gibt es ...?	Where can I find ...? [wäə kən_ai **faind** ...]
Wie viel kostet das?	How much is this? [hau_matsch is_öis]
Das ist zu teuer.	This is too expensive. [öis_is **tuh** iks**pänn**ßiw]
Das gefällt mir (nicht).	I like it. / I don't like it. [ai **laik**_it / ai **dohnt** laik_it]
Wo ist eine Bank / ein Geldautomat?	Where is a bank / a cash dispenser? [**wäər**_is ə_**bänk** / _ə käsch dis**pänn**ser]
Geben Sie mir 100 g Käse / zwei Kilo ...	Could I have a hundred grams of cheese / two kilograms of ... [kud_ai häw_ə **hann**drəd **grämms**_əw **tschihs** / **tuh kill**əgrämms_əw ...]
Haben Sie deutsche Zeitungen?	Do you have German newspapers? [du_ju häw d̶s̶e̶h̶**öh**mən **njuh**spehpers]

Essen und Trinken

Die Speisekarte, bitte.	The menu please. [öə **männ**ju plihs]
Brot	bread [bräd]
Kaffee	coffee [**koff**i]
Tee	tea [tih]
mit Milch / Zucker	with milk / sugar [wiö_**milk** / **schugg**er]
Orangensaft	orange juice [**orr**ənd̶s̶e̶h̶_**dseh**uhs]
Mehr Kaffee, bitte.	Some more coffee please. [ßəm_moh **koff**i plihs]
Suppe	soup [ßuhp]
Fisch	fish [fisch]
Fleisch	meat [miht]
Geflügel	poultry [**pohl**tri]
Beilage	sidedish [**ßai**ddisch]
vegetarische Gerichte	vegetarian food [**wäd**s̶e̶h̶ətärïən fud]
Eier	eggs [ägs]
Salat	salad [**ßäl**əd]
Dessert	dessert [dis**öht**]
Obst	fruit [fruht]
Eis	ice cream [ais **krihm**]
Wein	wine [wain]
weiß / rot / rosé	white / red / rosé [wait / räd / **roh**seh]
Bier	beer [biə]
Mineralwasser	mineral water [**minn**rəl wohter]
Ich möchte bezahlen.	I would like to pay. [ai_wud **laik**_tə peh]